Anke Walliser und Alexander Strobel

Rund ums Kochen

Rezepte, Planung, Hygiene und mehr

Suppen
Salate
Dressings
Komplette Gerichte
Fleischgerichte
Soßen
Beilagen
Nachtisch
Kuchen
Brote, Brötchen
Sonstiges
Getränke

buch+musik

Verlag Haus Altenberg GmbH
Düsseldorf

IMPRESSUM

© 1. Auflage 2013
buch+musik, ejw-service gmbh, Stuttgart
ISBN: 978-3-86687-082-6

Verlag Haus Altenberg GmbH, Düsseldorf
ISBN: 978-3-7761-0298-7

Bildrechte
Titel: viperagp-Fotolia.com, Natika-Fotolia.com; Fotolia S. 2, © spinetta; S. 5, 43, 247 ©Kesu; S. 7, ©absolutimages; S. 10, ©Gina Sanders; S. 28, ©iLight foto; S. 32, ©Lucky Dragon; S. 41, ©Jon Le-Bon; S. 42, ©Daorson; S. 43, ©Kesu-Fotolia; S. 79, ©Andrea Wilhelm; S. 144, ©Africa Studio; S. 156, ©by-studio; S. 158, ©Harald Biebel; S. 174; ©Kevin Maloney; S. 220, ©Anterovium; S. 226, ©atoss; S. 230, © Thomas Francois; S. 240, ©Rob Stark; S. 256,©spinetta; Icon: Seite 53, 145, 157, 160, ©JiSIGN; alle © Fotolia.com

Alle Bilder zu den Rezepten stammen von Alexander Strobel und Anke Walliser.

Gestaltung: AlberDESIGN. Filderstadt
Druck: Werbedruck GmbH Horst Schreckhase

Inhalt

Vorwort	SEITE 4

Basics

Die richtige Vorbereitung	SEITE 6
Hygiene	SEITE 10
Mikroorganismen	SEITE 19
Lagerung von Lebensmitteln	SEITE 25
Erkennen von verdorbenen Lebensmitteln	SEITE 27
Lebensmittelunverträglichkeiten	SEITE 29
Saisonkalender für Obst und Gemüse	SEITE 35
Maße und Gewichte	SEITE 38
Wiegen ohne Waage	SEITE 39
Grundmengen pro Person	SEITE 41

Rezepte

Suppen	SEITE 44
Salate	SEITE 52
Dressings	SEITE 74
Komplette Gerichte	SEITE 80
Fleischgerichte	SEITE 138
Soßen	SEITE 148
Beilagen	SEITE 156
Nachtisch	SEITE 166
Kuchen	SEITE 196
Brote & Brötchen	SEITE 218
Sonstiges	SEITE 234
Getränke	SEITE 240

Register

Thematische Übersicht	SEITE 248
Alphabetische Übersicht	SEITE 252

Vorwort

Es gibt zahlreiche Kochbücher und es gibt viele Kochsendungen. Was hat uns also dazu bewogen, selbst ein „Kochbuch" herauszugeben?
Als langjährige Freizeitköche haben wir uns einen großen Schatz an Erfahrungen angeeignet, was nicht immer ganz schmerzfrei war. Für große Gruppen zu kochen ist etwas anderes, als zu Hause in der eigenen Küche für sich alleine oder die Familie. Diese Erfahrungen möchten wir gerne weitergeben.

Schon Teresa von Ávila sagte:
„Tu deinem Leib etwas Gutes, damit deine Seele Lust hat, darin zu wohnen."

Eine Freizeit ist Futter für die Seele: Gemeinschaft mit anderen Menschen, neue Erfahrungen, den Alltag hinter sich lassen, von der Liebe Gottes hören und Geborgenheit erfahren.
Eine Grundlage dazu ist für uns, neben einem kompetenten Mitarbeiterteam, Futter für den Leib. Die Mahlzeiten strukturieren den Tag, stärken, wärmen und spenden auch mal Trost.
„Wenn es trotz Regen oder Kälte mein Lieblingsessen gibt, scheint für mich die Sonne", ... so ein Teilnehmender auf einer Freizeit.

Zum guten Essen gehört heute aber mehr als gut kochen – deshalb haben wir versucht, neben bewährten Rezepten für Gruppen, auch die Themen Hygiene, den Umgang mit Lebensmittelunverträglichkeiten, die Lagerung von Lebensmitteln und Wiegen ohne Waage zu beleuchten.

Auch auf konkrete Fragestellungen wie „Was muss ich bei der Planung bedenken?", „Wo lagere ich welche Lebensmittel im Kühlschrank?" und „Wann haben Obst und Gemüsesorten Saison?" gehen wir ein.

Wir wünschen einen guten Appetit!

Anke Walliser und Alexander Strobel

Basics

Die richtige Vorbereitung

Beim Kochen für große Gruppen und in fremden Küchen spielt die Vorbereitung eine wichtige Rolle.
Wer hier etwas Zeit investiert und sich Informationen einholt, hat es wesentlich leichter und kann manche „Überraschung" vermeiden.

Informationen über die Gruppe

Alter und Geschlecht

Kinder, Jugendliche oder Erwachsene brauchen ganz unterschiedliche Essensmengen, um satt zu werden. Das muss natürlich bei der Planung berücksichtigt werden.
Ebenso, dass im Teenageralter vor allem Jungs riesige Portionen essen können, während Mädels oft auf ihre „schlanke Linie" achten. Bei gemischten Gruppen gleicht sich das ganz gut aus, bei reinen Mädchen- oder Jungenfreizeiten spielt es durchaus eine Rolle.

Vegetarier, religiöse Speisevorschriften und Lebensmittelunverträglichkeiten

Die Gründe, warum Personen bestimmte Lebensmittel nicht verzehren wollen, dürfen oder können, sind sehr vielseitig. Wer sich rechtzeitig erkundigt, kann sich bei der Planung des Speiseplans darauf einstellen und Alternativen einplanen.
Auch die Rücksprache mit den Eltern, z. B. bei Kindern mit Zöliakie, ist hilfreich für die Planung. Es ist sinnvoll, solche Informationen bereits bei der Anmeldung abzufragen.

Informationen über die Küche

Ausstattung

Zuhause weiß man, was an Geräten vorhanden ist – in einer fremden Küche ist die Überraschung dann groß, wenn Küchenutensilien, die man als Standard einschätzt, nicht vorhanden sind. Manche Freizeithäuser haben eine Auflistung zumindest der Großgeräte in der Küche, bei den anderen Häusern einfach direkt nachfragen.

Es empfiehlt sich auch, eine kleine Auswahl an Werkzeugen mitzubringen. Dazu zählen:

- verschiedene Messer, um Gemüse, Brot und Fleisch zu schneiden

- Sparschäler, Pürierstab

- Frischhaltedosen für Schnittkäse und Wurstaufschnitt

- dicht schließende Dosen für Salz, Zucker, Mehl ... (vor allem auf Zeltlagern, sonst hat man schnell einen Salzklumpen in der Packung)

- Messbecher und Küchenwaage

- Kühltaschen und Kühlakkus

Informationen über Programm und Aufgabenverteilung

Tagesablauf

Bei den meisten Freizeiten gibt es festgelegte Essenszeiten für Frühstück, Mittagessen und Abendessen, darum herum wird das Programm geplant. Dies ist nicht nur für die Küche eine verlässliche Struktur, sondern auch eine wichtige Orientierung im Tagesablauf für die Teilnehmenden. Wir können dies sehr empfehlen.
Immer wieder gibt es jedoch Ausnahmen von diesem festen Ablauf, z. B. bei Ausflügen oder Motto-Tagen. Auch bei Regen oder extremer Hitze kann es sinnvoll sein, sich abzustimmen und die warme Mahlzeit eventuell in den Abend zu verlegen. Ist dies vorher bekannt, kann entsprechend geplant werden. Darüber hinaus ist ein ständiger Austausch mit der Freizeitleitung wichtig, da sich das Programm gerne mal zeitlich verschiebt.

Sonderwünsche

Zum Discoabend soll es Cocktails geben, beim Spieleabend kleine Süßigkeiten als Preise, am Motto-Tag möglichst afrikanische Speisen und ein Restaurantabend ist auch geplant. Die Freizeitmitarbeitenden unbedingt darauf hinweisen, dass die Küche solche Sonderwünsche rechtzeitig wissen sollte, um sich darauf einstellen zu können!

Helfer

Klären, ob geplant ist, dass die Teilnehmenden in irgendeiner Weise in der Küche oder im Umfeld beteiligt werden (Zubereitung der Mahlzeiten, Tischdecken, Abspülen, Essen ausgeben …) und wer sie dabei anleitet.

Informationen über Einkaufsmöglichkeiten

- Welche Lebensmittelgeschäfte gibt es, brauche ich evtl. eine Einkaufserlaubnis, die ich vorher beantragen muss (z. B. Metro …)?

- Wo ist der nächste Getränkehändler?

- Gibt es einen örtlichen Metzger, Bäcker, Bauern, bei dem ich Fleisch, Backwaren, frische Milch, Kartoffeln und Gemüse einkaufen kann?

Essenspläne entwerfen

Sind die wichtigen Informationen eingeholt, geht es ans Entwerfen der Essenspläne. Dazu liefert dieses Buch Rezepte aus unserer Freizeitküche, die sich über Jahre bewährt haben, die wir gerne kochen (und gut können) und die aus unserer Sicht möglichst vielen Teilnehmenden gut schmecken. Sicherlich stellen die Rezepte nur einen Ausschnitt dar und sollten durch eure Lieblingsrezepte oder die der Teilnehmenden erweitert werden.

Auf was achten wir, wenn wir unsere Essenspläne entwerfen?

- Kartoffeln, Reis und Nudeln wechseln sich als Beilage ab.

- Gemüse oder Salat zu jeder Hauptmahlzeit.

- Wie kann ich evtl. Reste weiterverwerten? (z. B. Maultaschen zum Abendessen anrösten, Nudeln im Nudelsalat zum Grillen unterbringen, Fleischküchle auf die Vesperplatte, Gurken und Karottenrohkost in den grünen Salat schneiden – oder durchaus auch mal Geschnetzeltes mit Reis zum Frühstück aufwärmen.)

- Gibt es Feiertage, an denen die Läden geschlossen sind und wir nichts einkaufen können? (Dann sollte man nicht gerade Fleischküchle mit frischem Hackfleisch oder ein Essen mit Huhn oder Pute planen.)

Nachdem die Frage „Was koche ich?" beantwortet ist, schließt sich direkt an „Wie viel koche ich?"
Dies lässt sich allerdings nicht pauschal beantworten. Der Appetit der Teilnehmenden kann je nach Tagesaktivität, Wetter, Schlaf und Vorrat an Süßigkeiten enorm schwanken. Sind es zum Mittagessen 35°C wird der Hunger sich in Grenzen halten – dafür wird dann oft abends, wenn es kühler wird, mehr gegessen.
Die angegebenen Mengen in den Rezepten können daher immer nur Anhaltspunkte sein und müssen auf die eigene Gruppe angepasst werden. Die Grundmengenliste kann bei der Orientierung helfen.
Wenn es sich anbietet, nicht den ganzen Freizeitbedarf auf einmal einkaufen, sondern einplanen, als Küche jeden Tag frisch einkaufen zu gehen.
Das hat auch den Vorteil, dass man mit der Planung auf die verzehrten Essensmengen der ersten Tage reagieren kann.

Hygiene

HYGIEÍA, die griechische Schutzgöttin für Gesundheit ist die Namensgeberin für den Begriff der Hygiene.

Unter den Begriff der Hygiene fallen alle vorbeugenden Maßnahmen, die getroffen werden, damit Lebensmittel in einwandfreier Qualität hergestellt, verarbeitet und an den Kunden oder in unserem Fall an die Teilnehmenden weitergegeben werden. Für alle Lebensmittel produzierenden und verarbeitenden Betriebe – und damit auch Gemeinschaftsverpflegung – muss die gesundheitliche Unbedenklichkeit von Lebensmitteln für den menschlichen Verzehr oberste Priorität haben.
Mangelnde Hygiene kann dazu führen, dass Lebensmittel vorzeitig verderben, Krankheiten verursachen oder Erreger weitergeben. So sind Hygienefehler sowohl im eigenen Haushalt als auch in Großküchen häufig die Ursache für die Ausbreitung von Salmonellen und anderen krankheitserregenden Mikroorganismen.

Bei der Herstellung und Zubereitung von Lebensmitteln sind deshalb die persönliche Hygiene, die Küchen- und Lebensmittelhygiene sowie die Hygiene beim Einkauf zu beachten:

Persönliche Hygiene

Einige Erreger, wie zum Beispiel die Staphylokokken, werden direkt von Menschen übertragen. Wir beherbergen sie insbesondere bei Erkältungen oder in eitrigen Wunden in hohem Ausmaß.
Um die „Kontaminationsquelle" Mensch zu vermeiden, ist es von großer Wichtigkeit, auf die persönliche Hygiene zu achten, umso mehr, wenn man Gäste erwartet oder in der Gemeinschaftsverpflegung arbeitet.

Zeichen für gute persönliche Hygiene

- Saubere Arbeitskleidung
Je sauberer die Kleidung, desto geringer ist das Risiko einer Keimübertragung auf die Lebensmittel, die zubereitet werden.

- Hände waschen
Viele Mikroorganismen gelangen beim Anfassen aller möglichen Dinge wie Türklinken, Geld oder Lebensmittel auf die Hände. Gründliches Waschen mit Seife und warmem Wasser und anschließendes Abtrocknen mit Einmalhandtüchern beugt einer Übertragung auf Lebensmittel vor.
Auch zwischen verschiedenen Arbeitsschritten, vor allem wenn rohe Lebensmittel wie Fleisch, Fisch, Geflügel und Salate verarbeitet oder zum Beispiel Eier aufgeschlagen werden, sollten die Hände gründlich gewaschen werden. Eine gute Möglichkeit zur Vorbeugung ist auch die Verwendung von Einmalhandschuhen. Hoffentlich selbstverständlich ist das Händewaschen nach jedem Toilettenbesuch!

- Wunden abdecken
Wunden können mit Mikroorganismen infiziert sein, die Lebensmittelvergiftungen hervorrufen. Offene Wunden dürfen deshalb nicht mit Lebensmitteln in Berührung kommen.
Zum Schutz die Wunde mit einem wasserdichten Pflaster oder einem Gummihandschuh abdecken.

- Nicht auf Lebensmittel husten oder niesen
Auch bei gesunden Menschen befinden sich im Nasen- und Rachenbereich Keime. Tröpfchen mit diesen Keimen können auf Lebensmittel gelangen und diese verunreinigen.
Deshalb beim Niesen und Husten immer von den Lebensmitteln abwenden. Zum Naseputzen ein Papiertaschentuch verwenden und dieses anschließend sofort entsorgen.
Danach wieder gründlich Hände waschen!

- Handschmuck ablegen
Schmuck wie Armbanduhren und Ringe verhindern das hygienische Reinigen der Hände. Unter ihnen ist ein guter Sammelplatz für Mikroorganismen aller Art.

- Haar in der Suppe
Um dies zu verhindern, sollten die Haare auf jeden Fall zurückgebunden werden. In Großküchen muss eine Haube getragen werden.

Küchenhygiene

Mikroben mögen Dreck. Deshalb ist ein regelmäßiges Reinigen von innen und außen bei Schränken, Schubladen, Kühlschränken sowie von Arbeitsgeräten wichtig. Auch in kleinen Ritzen oder im Spüllappen können sich in kurzer Zeit riesige Keimmengen entwickeln.

Zeichen für eine gute Küchenhygiene:

- Arbeitsplatz reinigen
  Küchengeräte, Arbeitsflächen und Küchenutensilien sofort nach Benutzung mit heißem Wasser und Reinigungsmittel säubern. Lebensmittelreste und Verunreinigungen trocknen ansonsten an und lassen sich dann nur schwer entfernen. Sie bilden unsichtbare Keimherde.

- Zerkratzte Brettchen ersetzen
  Holzbrettchen quellen bei der Aufnahme von Wasser auf, vorhandene Risse gehen zu und schließen Bakterien ein. Beim Trocknen öffnen sich die Risse wieder, die Bakterien treten aus und können Lebensmittel infizieren.
  Kunststoffbretter quellen nicht auf, die Risse bleiben offen und können besser gereinigt werden. Übermäßig zerkratzte Kunststoffbretter sind allerdings auch unhygienisch und sollten ausgetauscht werden.

- Lappen und Tücher täglich wechseln
  Schmutzige, oft benutzte Wisch-, Geschirr- und Handtücher sowie Spüllappen enthalten Mikroorganismen, die beim Reinigen und Abtrocknen auf Arbeitsflächen und Geschirr übertragen werden können. Deshalb bei Nichtbenutzung so aufhängen, dass sie gut trocknen können und täglich wechseln.

Lebensmittelhygiene

Einige Lebensmittel sind anfälliger für Krankheitserreger als andere. Hierzu zählen z. B. Geflügel, Hackfleisch, Fisch und Eierspeisen. Bei deren Verarbeitung muss deshalb noch intensiver auf einzelne Faktoren geachtet werden.

Zeichen für gute Lebensmittelhygiene:

- Obst und Gemüse gründlich waschen
  Bis zum Endkunden sind Obst und Gemüse durch viele Hände gegangen und können vielfältige Keime auf sich tragen. Zudem kommen bei der Erzeugung Spritzmittel zum Einsatz, die an den Lebensmitteln haften.

- Leicht verderbliche Lebensmittel kühlen
  Durch Kühlen wird die Vermehrung der meisten Bakterien in Lebensmitteln verlangsamt oder sogar gestoppt. Daher sollten Lebensmittel auf eine Temperatur von 7–10 °C gekühlt werden.
  Trotz Kühlung sollten diese Lebensmittel nicht zu lange lagern, da das Wachstum der Mikroorganismen durch die Kühlung in manchen Fällen nur verlangsamt ist.

- Richtig auftauen lassen
  Speisen sollten möglichst im Kühlschrank aufgetaut werden. Dafür die Verpackung entfernen und das Lebensmittel auf oder in ein Gefäß legen (bei Geflügel und Fleisch am besten auf einen Siebeinsatz) und dieses abgedeckt in den Kühlschrank stellen.
  Die Auftauflüssigkeit von Fleisch kann Salmonellen enthalten, deshalb auf jeden Fall wegschütten!

- Fleisch, Geflügel und Fisch getrennt von anderen Lebensmitteln zubereiten
  Es soll eine Keimübertragung auf Speisen vermieden werden, die nicht mehr erhitzt werden. Dies kann auch passieren, wenn z. B. Salat mit dem gleichen Messer oder auf dem gleichen Holzbrett geschnitten wird, auf dem zuvor Geflügel zubereitet wurde.

- Geflügel, Hackfleisch, Fisch und Eierspeisen ganz „durchbraten"
  Intensives Erhitzen tötet Mikroorganismen ab. Das bedeutet, dass alle Bereiche des Lebensmittels auf eine Temperatur von mindestens 70 °C gebracht werden müssen.

› Speisen nach dem Kochen heiß halten
Nach dem Kochen müssen die Speisen bis zur Ausgabe bei einer Temperatur von über 60 °C gehalten werden, da sich Mikroorganismen bei Temperaturen zwischen 10 °C und 60 °C ideal vermehren können.

Die Aufbewahrung von Speisen für den Direktverzehr muss entweder heiß (über 60 °C) oder kühl (unter 10 °C) erfolgen.

› Speisen in flachen Behältern kühlen
Je flacher die Schale umso schneller wird die Speise heruntergekühlt. Das heißt der Temperaturbereich zwischen 60 °C und 10 °C wird schneller durchschritten und den Mikroorganismen bleibt weniger Zeit sich zu vermehren.

› Wiedererhitzen auf mind. 70 °C
Intensives Wiedererhitzen tötet Mikroorganismen ab, die sich möglicherweise während der Kühlung entwickelt haben.

› Beim Lagern sind erhitzte Speisen von rohen Lebensmitteln getrennt zu halten
Dadurch wird die Keimübertragung vom rohen auf das gegarte Lebensmittel reduziert.
Bei der Zubereitung zusammengesetzter Speisen wie z. B. Kartoffel- oder Nudelsalaten sind die gekochten Komponenten herunterzukühlen, bevor die anderen Bestandteile hinzugefügt werden. Kleinere Mengen kühlen schneller ab, dies verhindert eine unerwünschte Vermehrung von Mikroorganismen.

› Gegarte Speisen nicht mit der Hand anfassen
Auch auf gründlich gewaschenen Handflächen befinden sich Mikroorganismen, die auf das Lebensmittel übertragen werden können. Deshalb Vorlegebesteck verwenden oder Einmalhandschuhe anziehen.

Hygiene beim Einkauf

Schon beim Einkauf sollte auf einwandfreie Lebensmittel und Speisen geachtet werden um einen hohen Anfangskeimgehalt zu vermeiden. Deshalb sollten die Hygienebedingungen schon im Lebensmittelgeschäft stimmen.

Zeichen für gute Hygiene im Lebensmittelgeschäft:

- Die Räumlichkeiten sind gut in Schuss, keine kaputten Flächen, keine rostigen Regale oder Einkaufswagen, keine feuchten Stellen, kein Schmutz, gute Beleuchtung.

- Sauberes, ordentliches Aussehen des Verkaufspersonals, ganz besonders bei der Wurst- und Käsetheke oder in der Eisdiele.

- Bewusste Vermeidung von Keimverschleppung. Dies kann z. B. durch saubere Arbeitsflächen, -geräte und Lappen, Waschbecken zum Händewaschen mit Seife und Papierhandtüchern, Mülleimer mit Deckel und anderem sichergestellt werden.

- Es werden nur frische, einwandfreie Waren angeboten. Nicht mehr ganz frische oder gar verdorbene Lebensmittel werden umgehend entfernt, dazu gehört zum Beispiel auch das Entfernen von unansehnlichen Wurstscheiben als „Abdecker" für darunter liegende Scheiben. Schimmlige Tomaten oder Möhren, faule Äpfel etc., abgelaufene Päckchen sowie kaputte Packungen finden Sie äußerst selten oder nie.

- Wenig „Schnee" bei Tiefkühlwaren.

- Die Auffangrinnen für das Kondenswasser bei den Kühleinrichtungen sind sauber.

- Ehrliche und kompetente Beratung bei Hygienefragen, z. B. zur Haltbarkeit von Wurst.

Belehrung nach dem Infektionsschutzgesetz (IfSG)

Um den hygienischen Umgang mit Lebensmitteln zu gewährleisten, benötigen Personen, die im Lebensmittelbereich arbeiten eine Belehrung gemäß § 42 und § 43 Infektionsschutzgesetz (IfSG). Die erstmalige Belehrung muss (kostenpflichtig) durch das Gesundheitsamt oder einen von diesem beauftragten Arzt durchgeführt werden. Darüber hinaus muss der Arbeitgeber diese Personen bei Aufnahme ihrer Tätigkeit und im Weiteren alle zwei Jahre belehren und dies dokumentieren.

Laut Erlass des Sozialministeriums Baden-Württemberg vom 15.08.2005 unterliegen ehrenamtliche Helferinnen und Helfer bei Vereinsfesten nicht der gesetzlichen Belehrungspflicht, solange sie nicht zusätzlich gewerbsmäßig mit Lebensmitteln umgehen.

Allerdings sollten sie in jedem Fall das Merkblatt des Landesgesundheitsamtes „Vermeidung von Lebensmittelinfektionen für Ehrenamtliche bei Vereinsfesten, Freizeiten und ähnlichen Veranstaltungen" zur Kenntnis nehmen.

Die meisten Gesundheitsämter empfehlen darüber hinaus die Belehrung einzelner verantwortlicher Vereinsmitglieder, die anschließend nochmals alle Mitwirkenden, die bei solchen Bewirtungen bzw. deren Vorbereitungen mit unverpackten Lebensmitteln umgehen, über die grundlegenden Inhalte des § 42 IfSG sowie über die weiteren Hygieneregeln mit Lebensmitteln informieren.

Es ist auf jeden Fall sinnvoll, dass sich jeder haupt- und ehrenamtliche Freizeitleiter vorab beim örtlichen Gesundheitsamt darüber informiert, welche Regelungen einzuhalten sind.

Tipp: Wir empfehlen, dass sich auf jeden Fall die Freizeitleitung sowie die Verantwortlichen für die Küche im kommunalen Gesundheitsamt belehren lassen. Wenn weitere Mitarbeitende während der Freizeit regelmäßig in der Küche mitarbeiten, halten wir auch für diese eine Belehrung für sinnvoll.

Quellen:
www.lean-and-healthy.de/woche42aid/ (01.01.2011)
www.was-wir-essen.de/zubereitung/hygiene_sauberkeit.php (01.01.2011)
www.gesundheitsamt.de/alle/seuche/lebensm/grosskue.htm (12.01.2013)
www.landkreis-ludwigsburg.de/fileadmin/kreis-lb.de/pdf-dateien/buerger-info/gesundheit/merkblaetter/Infoblatt_Belehrung_GA_LB_10-2011_2_.pdf (12.01.213)

Vorschriften des Infektionsschutzgesetzes (IfSG) – Auszug

8. Abschnitt

Gesundheitliche Anforderungen an das Personal beim Umgang mit Lebensmitteln

§ 42 Tätigkeits- und Beschäftigungsverbote

(1) Personen, die

1. an Typhus abdominalis, Paratyphus, Cholera, Shigellenruhr, Salmonellose, einer anderen infektiösen Gastroenteritis oder Virushepatitis A oder E erkrankt oder dessen verdächtig sind,
2. an infizierten Wunden oder an Hautkrankheiten erkrankt sind, bei denen die Möglichkeit besteht, dass deren Krankheitserreger über Lebensmittel übertragen werden können,
3. die Krankheitserreger Shigellen, Salmonellen, enterohämorrhagische Escherichia coli oder Choleravibrionen ausscheiden,

dürfen nicht tätig sein oder beschäftigt werden

a) beim Herstellen, Behandeln oder Inverkehrbringen der in Absatz 2 genannten Lebensmittel, wenn sie dabei mit diesen in Berührung kommen, oder

b) in Küchen von Gaststätten und sonstigen Einrichtungen mit oder zur Gemeinschaftsverpflegung.

Satz 1 gilt entsprechend für Personen, die mit Bedarfsgegenständen, die für die dort genannten Tätigkeiten verwendet werden, so in Berührung kommen, dass eine Übertragung von Krankheitserregern auf die Lebensmittel im Sinne des Absatzes 2 zu befürchten ist. Die Sätze 1 und 2 gelten nicht für den privaten hauswirtschaftlichen Bereich.

(2) Lebensmittel im Sinne des Absatzes 1 sind

1. Fleisch, Geflügelfleisch und Erzeugnisse daraus
2. Milch und Erzeugnisse auf Milchbasis
3. Fische, Krebse oder Weichtiere und Erzeugnisse daraus
4. Eiprodukte
5. Säuglings- und Kleinkindernahrung
6. Speiseeis und Speiseeishalberzeugnisse
7. Backwaren mit nicht durchgebackener oder durcherhitzter Füllung oder Auflage
8. Feinkost-, Rohkost- und Kartoffelsalate, Marinaden, Mayonnaisen, andere emulgierte Soßen, Nahrungshefen
9. Sprossen und Keimlinge zum Rohverzehr sowie Samen zur Herstellung von Sprossen und Keimlingen zum Rohverzehr.

(3) Personen, die in amtlicher Eigenschaft, auch im Rahmen ihrer Ausbildung, mit den in Absatz 2 bezeichneten Lebensmitteln oder mit Bedarfsgegenständen im Sinne des Absatzes 1 Satz 2 in Berührung kommen, dürfen ihre Tätigkeit nicht ausüben, wenn sie an einer der in Absatz 1 Nr. 1 genannten Krankheiten erkrankt oder dessen verdächtig sind, an einer der in Absatz 1 Nr. 2 genannten Krankheiten erkrankt sind oder die in Absatz 1 Nr. 3 genannten Krankheitserreger ausscheiden.

(4) Das Gesundheitsamt kann Ausnahmen von den Verboten nach dieser Vorschrift zulassen, wenn Maßnahmen durchgeführt werden, mit denen eine Übertragung der aufgeführten Erkrankungen und Krankheitserreger verhütet werden kann.

(5) Das Bundesministerium für Gesundheit wird ermächtigt, durch Rechtsverordnung mit Zustimmung des Bundesrates den Kreis der in Absatz 1 Nr. 1 und 2 genannten Krankheiten, der in Absatz 1 Nr. 3 genannten Krankheitserreger und der in Absatz 2 genannten Lebensmittel einzuschränken, wenn epidemiologische Erkenntnisse dies zulassen, oder zu erweitern,

wenn dies zum Schutz der menschlichen Gesundheit vor einer Gefährdung durch Krankheitserreger erforderlich ist. In dringenden Fällen kann zum Schutz der Bevölkerung die Rechtsverordnung ohne Zustimmung des Bundesrates erlassen werden. Eine auf der Grundlage des Satzes 2 erlassene Verordnung tritt ein Jahr nach ihrem Inkrafttreten außer Kraft; ihre Geltungsdauer kann mit Zustimmung des Bundesrates verlängert werden.

§ 43 Belehrung, Bescheinigung des Gesundheitsamtes

(1) Personen dürfen gewerbsmäßig die in § 42 Abs. 1 bezeichneten Tätigkeiten erstmalig nur dann ausüben und mit diesen Tätigkeiten erstmalig nur dann beschäftigt werden, wenn durch eine nicht mehr als drei Monate alte Bescheinigung des Gesundheitsamtes oder eines vom Gesundheitsamt beauftragten Arztes nachgewiesen ist, dass sie

1. über die in § 42 Abs. 1 genannten Tätigkeitsverbote und über die Verpflichtungen nach den Absätzen 2, 4 und 5 in mündlicher und schriftlicher Form vom Gesundheitsamt oder von einem durch das Gesundheitsamt beauftragten Arzt belehrt wurden und
2. nach der Belehrung im Sinne der Nummer 1 schriftlich erklärt haben, dass ihnen keine Tatsachen für ein Tätigkeitsverbot bei ihnen bekannt sind.

Liegen Anhaltspunkte vor, dass bei einer Person Hinderungsgründe nach § 42 Abs. 1 bestehen, so darf die Bescheinigung erst ausgestellt werden, wenn durch ein ärztliches Zeugnis nachgewiesen ist, dass Hinderungsgründe nicht oder nicht mehr bestehen.

(2) Treten bei Personen nach Aufnahme ihrer Tätigkeit Hinderungsgründe nach § 42 Abs. 1 auf, sind sie verpflichtet, dies ihrem Arbeitgeber oder Dienstherrn unverzüglich mitzuteilen.

(3) Werden dem Arbeitgeber oder Dienstherrn Anhaltspunkte oder Tatsachen bekannt, die ein Tätigkeitsverbot nach § 42 Abs. 1 begründen, so hat dieser unverzüglich die zur Verhinderung der Weiterverbreitung der Krankheitserreger erforderlichen Maßnahmen einzuleiten.

(4) Der Arbeitgeber hat Personen, die eine der in § 42 Abs. 1 Satz 1 oder 2 genannten Tätigkeiten ausüben, nach Aufnahme ihrer Tätigkeit und im Weiteren alle zwei Jahre über die in § 42 Abs. 1 genannten Tätigkeitsverbote und über die Verpflichtung nach Absatz 2 zu belehren. Die Teilnahme an der Belehrung ist zu dokumentieren. Die Sätze 1 und 2 finden für Dienstherren entsprechende Anwendung.

(5) Die Bescheinigung nach Absatz 1 und die letzte Dokumentation der Belehrung nach Absatz 4 sind beim Arbeitgeber aufzubewahren. Der Arbeitgeber hat die Nachweise nach Satz 1 und, sofern er eine in § 42 Abs. 1 bezeichnete Tätigkeit selbst ausübt, die ihn betreffende Bescheinigung nach Absatz 1 Satz 1 an der Betriebsstätte verfügbar zu halten und der zuständigen Behörde und ihren Beauftragten auf Verlangen vorzulegen. Bei Tätigkeiten an wechselnden Standorten genügt die Vorlage einer beglaubigten Abschrift oder einer beglaubigten Kopie.

(6) Im Falle der Geschäftsunfähigkeit oder der beschränkten Geschäftsfähigkeit treffen die Verpflichtungen nach Absatz 1 Satz 1 Nr. 2 und Absatz 2 denjenigen, dem die Sorge für die Person zusteht. Die gleiche Verpflichtung trifft auch den Betreuer, soweit die Sorge für die Person zu seinem Aufgabenkreis gehört. Die den Arbeitgeber oder Dienstherrn betreffenden Verpflichtungen nach dieser Vorschrift gelten entsprechend für Personen, die die in § 42 Abs. 1 genannten Tätigkeiten selbständig ausüben.

(7) Das Bundesministerium für Gesundheit wird ermächtigt, durch Rechtsverordnung mit Zustimmung des Bundesrates Untersuchungen und weitergehende Anforderungen vorzuschreiben oder Anforderungen einzuschränken, wenn Rechtsakte der Europäischen Gemeinschaft dies erfordern.

Auszug aus:
IfSG. Ausfertigungsdatum: 20.07.2000. Vollzitat: "Infektionsschutzgesetz vom 20. Juli 2000 (BGBl. I S. 1045), das durch Artikel 5 Absatz 2 des Gesetzes vom 20. April 2013 (BGBl. I S. 868) geändert worden ist".
Stand: Zuletzt geändert durch Art. 1 G v. 28.7.2011 I 1622.
Hinweis: Änderung durch Art. 3 G v. 21.3.2013 I 566 (Nr. 15) textlich nachgewiesen, dokumentarisch noch nicht abschließend bearbeitet.
Änderung durch Art. 5 Abs. 2 G v. 20.4.2013 I 868 (Nr. 19) textlich nachgewiesen, dokumentarisch noch nicht abschließend bearbeitet.

Mikroorganismen

In der Küche und beim Umgang mit Lebensmitteln zielen die Hygiene-Bemühungen darauf, den Keimgehalt, also die Anzahl der Mikroben, möglichst niedrig zu halten.

Folgende Mikroorganismen spielen bei der Lebensmittelhygiene eine wichtige Rolle:
- Bakterien
- Schimmelpilze
- Hefen

Die Keimvermehrung geschieht unheimlich rasant über Zellteilung. Aus 100 Anfangskeimen werden nach 5 Stunden mehr als 3.000.000 Keime.

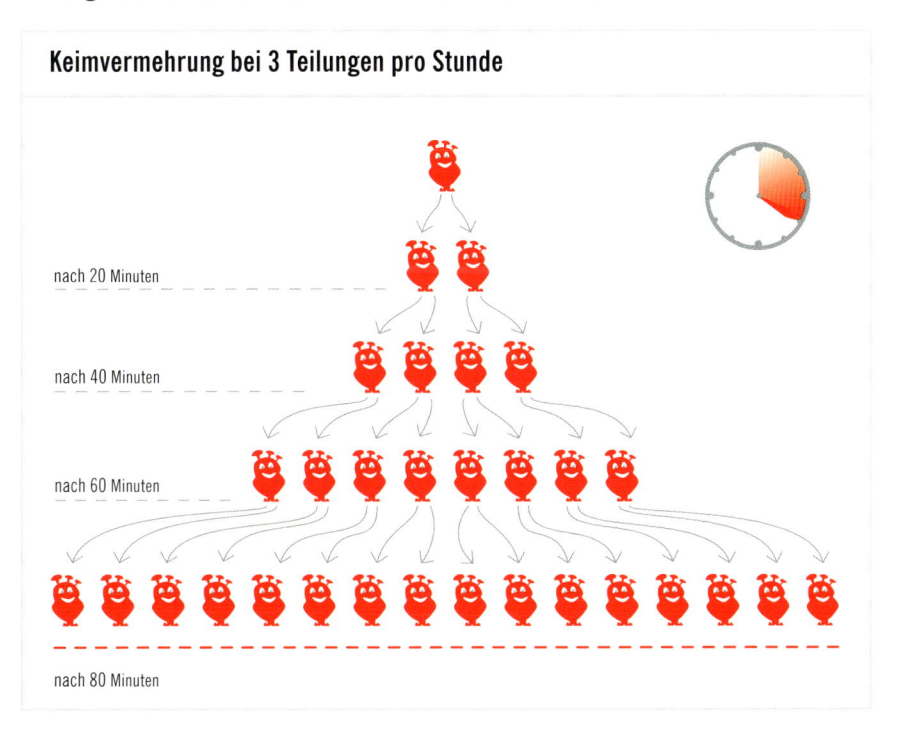

Keimvermehrung bei 3 Teilungen pro Stunde

nach 20 Minuten

nach 40 Minuten

nach 60 Minuten

nach 80 Minuten

Ein möglichst niedriger Anfangskeimgehalt ist deshalb sehr wichtig. In der Folge kann man durch schlechte Wachstumsbedingungen für die Keime ihre Vermehrung reduzieren.

Den meisten Mikroben missfällt es, wenn es zu kühl, zu heiß, zu trocken oder zu sauber ist, wenn zu wenig Sauerstoff oder ein falscher Säuregrad vorhanden ist. Dies erreicht man durch:
- Intensives Erhitzen (Kerntemperatur über 70 °C)
- Kühle Lagerung (unter 10 °C)
- Verminderung des Wassergehaltes
  (auch durch Zucker, Salz oder trocknen lassen)
- Zugabe von Essig oder Zitronensaft. Dies ändert den pH-Wert.
  (Essigwasser ist ideal zur Reinigung von Kühlschrank oder Brotkasten!)
- Abdecken von Lebensmitteln (z. B. kann durch Frischhaltefolie die Sauerstoffzufuhr minimiert werden)

Bakterien

Die meisten Bakterien verursachen ähnliche Krankheitssymptome. Typisch sind Übelkeit, Erbrechen, Durchfall und/oder Bauchkrämpfe. Wenn diese Symptome bei Teilnehmenden einer Freizeit festgestellt werden, und dies nicht auf den Konsum größerer Mengen Süßigkeiten oder zu viel Sonne zurückzuführen ist, sollten betroffene Personen besser zum Arzt gebracht werden.

Bakterien gedeihen besonders gut auf eiweißreichen und wasserreichen Lebensmitteln wie Eier, Milchprodukte, Eis, Fleisch, Wurst, Fisch, Cremes und Füllmassen von Kuchen, Tortenguss etc.

Diese Vertreter spielen eine wichtige Rolle:

Salmonellen

Vorkommen
- nicht oder unzureichend erhitzte Eier und Eiprodukte sowie daraus hergestellte Lebensmittel wie Mayonnaise, Cremespeisen, Tortenfüllungen
- frisches und tiefgefrorenes Geflügel, Wild und Fisch
- Fleisch und Wurstwaren, besonders Hackfleisch (große Oberfläche)
- roher Kuchen- oder Plätzchenteig

Die Salmonelleninfektion ist mit Abstand die häufigste Erkrankung.

Schutzmaßnahmen
- Lebensmittel gut durchgaren
- Lebensmittel nicht zu lange bei Zimmertemperatur stehen lassen (das gilt auch für belegte und gefüllte Kuchen)
- Die Hygieneanforderungen von Geflügel sind besonders hoch: Im Siebeinsatz zugedeckt im Kühlschrank auftauen lassen, Arbeitsflächen und Geräte nach Kontakt gründlich säubern und den Lappen danach wegwerfen oder auskochen. Geflügel nicht in Gegenwart von Speisen, die nicht mehr erhitzt werden, bearbeiten. Ausreichend lange Garzeiten, sodass eine Kerntemperatur von 70–80 °C erreicht wird. Fertige Speisen max. zwei bis drei Tage im Kühlschrank aufbewahren.

Folgen
Nach der Infektion können etwa 5 bis 72 Stunden später folgende Symptome auftreten:
Fieber, Schüttelfrost, Kopfschmerzen, Bauchschmerzen, starker Durchfall und Erbrechen. Kleinkinder und alte oder kranke Menschen können eventuell daran sterben!

Staphylokokken

Vorkommen
Fleisch und Fleischprodukte, Geflügel, Milch, Käse, Soßen, Puddings oder Dressings.

Schutzmaßnahmen
Diese eitererregende Bakterienart findet sich im Nasen- und Rachenraum von Menschen oder in Wunden.
- Beim Husten und Niesen vom Lebensmittel abwenden
- Empfindliche Speisen gut kühlen
- Wunden mit wasserdichtem Pflaster oder Gummihandschuh abdecken

Folgen
Diese Bakterien bilden Gifte. Nach der Infektion können etwa 1 bis 7 Stunden später folgende Symptome auftreten:
Plötzliches Erbrechen, Durchfall, Bauchkrämpfe, Schweißausbruch, Schwäche, meist kein Fieber.

Campylobakter

Vorkommen
Geflügelfleisch und Innereien, aber auch Rohmilch und verunreinigtes Trinkwasser.

Schutzmaßnahmen:
Frische Milch vom Bauern sollte grundsätzlich abgekocht werden. Nach dem Abkochen unbedingt auf gute Kühlung achten. Bei Geflügel auf die Küchenhygiene achten.

Folgen
Nach der Infektion können ca. 3 bis 5 Tage später folgende Symptome auftreten:
Bauchschmerzen, Durchfall, Erbrechen, Schüttelfrost, Fieber.

EHEC-Bakterien

Vorkommen
Kontamination von Lebensmitteln, vor allem aber Schmierinfektion, z. B. durch mangelnde Toilettenhygiene von Mensch zu Mensch oder von Mensch auf Lebensmittel. Außerdem nicht ausreichend erhitztes Rindfleisch, Roh- und Vorzugsmilch.

Schutzmaßnahmen
- Persönliche Hygienemaßnahmen
- Rohmilch- und Vorzugsmilchverzicht
- nicht durchgegartes Rindfleisch meiden

Folgen
Nach der Infektion können etwa 3 bis 9 Tage später folgende Symptome auftreten:
wässrige Durchfälle, kolikartige Bauchschmerzen, Krämpfe, Erbrechen.
Bei immunschwachen Menschen (z. B. Kinder unter 6 Jahren und ältere Menschen) nach 3 bis 12 Tagen Übergang in hämolytisch-urämisches Syndrom (infolge dessen kann es bei bis zu 30 % der Erkrankten zu Dialyseabhängigkeit kommen, bei 10 % zu einem tödlichen Ausgang).

Norovirus

Der Norovirus entsteht nicht aufgrund des Lebensmittels selbst, kann aber durch dieses weitergegeben werden. Im Gegensatz zu Salmonellen-Erkrankungen, die den Menschen besonders in den Sommermonaten zu schaffen machen, werden Norovirus-Erkrankungen schwerpunktmäßig in den Wintermonaten oder an kalten, feuchten Sommertagen beobachtet.
Die meisten Norovirus-Infektionen werden im direkten Kontakt von Mensch zu Mensch übertragen, es kann aber auch über verunreinigte Lebensmittel zu einer Erkrankung kommen.

Schutzmaßnahmen
> Hände, vor allem nach dem Gang zur Toilette, gründlich mit Seife waschen.
> Lebensmittel gut durcherhitzen.

Folgen
Durch Noroviren können Menschen aller Altersgruppen erkranken. Die typischen Symptome sind Erbrechen und Durchfall, häufig von Kopfschmerzen und manchmal von Fieber begleitet. Die ersten Symptome treten etwa 24 Stunden nach der Infektion auf und dauern gewöhnlich ein bis drei Tage an. Allerdings ist man bereits einige Tage davor und auch noch einige Tage danach infektiös.

Bacillus cereus

Vorkommen
Die vollständige Vermeidung des sporenbildenden Bakteriums ist aufgrund des weltweiten Vorkommens schwierig. Eine geringe Keimzahl stellt gewöhnlich aber kein Problem für den Verbraucher dar. Jedoch können bestimmte mangelhafte Lagerungsbedingungen zum Auskeimen der Sporen bzw. zur Vermehrung der Keime auf dem Lebensmittel führen. Das Bakterium fühlt sich besonders bei stärkehaltigen Lebensmitteln wie Reis und Nudeln wohl. Fleisch und Fleischprodukte spielen dabei eher eine untergeordnete Rolle.

Schutzmaßnahmen
Ein Auskeimen der Sporen kann durch eine schnelle Kühllagerung der erhitzten Speisen verhindert werden. Vor allem Reis sollte nicht zu lange bei niedrigen Temperaturen warm gehalten werden.

Verursachte Krankheiten
Bei einer zu hohen Keimzahl können zwei verschiedene, für Lebensmittelvergiftungen verantwortliche Toxine, gebildet werden:
- Das Erbrechen-Toxin: Führt zu Übelkeit und Erbrechen.
- Das Diarrhoe-Toxin: Führt zu wässrigen Durchfällen, die nach 12 bis 24 Stunden wieder abklingen

Die Inkubationszeit beträgt bei beiden Typen zwischen 6 und 24 Stunden.

Schimmelpilze

Vorkommen
Die feinen Sporen der Schimmelpilze fliegen in der Luft umher und können sich so wunderbar verbreiten. Sie befallen alle Lebensmittel. Besonders gern Brot, Backwaren, Konfitüre, Nüsse und Käse. Weiße oder farbige Flecken oder Punkte sind als Schimmelbefall zu bewerten. Edelschimmel auf Käse ist natürlich nicht schädlich. Trotzdem Augen auf beim Käse, es könnte auch Fremdschimmel sein. Das Fadengeflecht des Schimmels durchzieht viele Lebensmittel komplett und unsichtbar.

Schutzmaßnahmen
Meist ist die Verunreinigung des gesamten Lebensmittels nicht auszuschließen. Da u. a. krebserregende Gifte vorhanden sein können, ist Sparsamkeit fehl am Platz. Am besten das befallene Lebensmittel komplett entsorgen.

Hefen

Vorkommen
Über die Luft können Fremdhefen vorzugsweise auf Kohlenhydratträger, wie Obstsaft und Kompott gelangen und diese ungenießbar machen. Gasbildung oder ein alkoholischer Geruch sind Hinweise für den Verderb. Auch Speisequark und Käse können davon betroffen sein. Die Produkte haben dann einen hefigen Geschmack.

Schutzmaßnahmen
Saft und Kompott nicht offen stehen lassen. Angebrochene Packungen im Kühlschrank aufbewahren.

Quelle: http://www.lean-and-healthy.de/woche42aid/ (01.01.2011)

Lagerung von Lebensmitteln

Die richtige Lagerung von Lebensmitteln ist wichtig, um ihren Nährwert zu erhalten und sie vor einem vorzeitigen Verderben zu schützen.

Für die optimale Lagerung der meisten Lebensmittel gilt:
- möglichst kühl (etwa 1–10 °C) aber frostsicher
- nicht zu feucht und nicht zu trocken
- dunkel

Der wichtigste Aufbewahrungsort für empfindliche Lebensmittel ist der Kühlschrank. Durch die niedrige Temperatur wird die Vermehrung von Bakterien und Keimen eingedämmt oder gestoppt und eine längere Haltbarkeit der Lebensmittel erreicht.
Damit die Lebensmittel auch tatsächlich länger halten, sollten ein paar einfache Tipps zur richtigen Lagerung im Kühlschrank beachtet werden:

- Die Lebensmittel sollten möglichst frisch und möglichst schnell in den Kühlschrank eingelagert werden.

- Lebensmittel sollten verpackt gelagert werden. Dies schützt sie vor Austrocknen, Geruchsübertragung und gegenseitiger Übertragung von Keimen und erhöht damit die Haltbarkeit. Speziell bei Käse ist es empfehlenswert, darauf zu achten, dass Schimmelkäse vom restlichen Käse getrennt abgepackt wird, damit der Schimmel nicht auf die anderen Käsesorten übergreifen kann.

- Lebensmittel an den richtigen Platz im Kühlschrank räumen.

Was gehört im Kühlschrank wo hin?

Wichtig für die Haltbarkeit von Lebensmitteln ist die Temperatur im Innenraum des Kühlschranks. Bei Haushaltsgeräten kann sie in den verschiedenen Bereichen des Kühlschranks zwischen 2 °C im unteren Bereich, über 5 °C im mittleren, bis hin zu 8 °C in den oberen Bereichen variieren. Die wärmsten Bereiche sind mit 9–10 °C das Gemüsefach und die Kühlschranktür.

Um die Haltbarkeit der Lebensmittel zu erhöhen, sollte jedes Lebensmittel an den richtigen Platz im Kühlschrank eingeräumt werden:
- Leicht verderbliche Lebensmittel wie Fisch, Fleisch und Wurst sind an der kältesten Stelle im Kühlschrank zu lagern: auf der Glasplatte.
- Im mittleren Bereich des Kühlschranks können Milchprodukte gelagert werden.
- Käse sowie fertige Speisen oder Geräuchertes kommen abgedeckt in den oberen Bereich des Kühlschranks.
- Getränke sowie Eier und Butter kommen in die dafür vorgesehenen Fächer in der Kühlschranktür.
- Obst, Gemüse und Salate halten sich am längsten im Gemüsefach. Salat ggf. in Zeitungspapier einwickeln, Karotten und Radieschen ohne Grün lagern.

Diese Lebensmittel gehören nicht in den Kühlschrank:

- exotische Früchte wie: Mangos, Papayas, Ananas, Bananen
- Zitrusfrüchte wie: Orangen, Zitronen, Limonen
- stark wasserhaltiges Gemüse wie: Gurken, Paprika, Tomaten
- außerdem: Auberginen, Kartoffeln, Brot, Speiseöle

Je kürzer die Lagerungszeit der Lebensmittel umso besser!

Deshalb vor allem Lebensmittel wie Fleisch, Fisch, Milchprodukte, Obst und Gemüse zeitnah zum Verbrauch einkaufen.
Hier ist es hilfreich, schon beim Erstellen des Speiseplans Wochenenden und Feiertage vot Ort zu berücksichtigen und Gerichte entsprechend zu planen.
Gerichte mit Hackfleisch sind z. B. ungeeignet, wenn das Hackfleisch zwei Tage vorher gekauft werden muss!

Quelle: http://gesund.co.at/lebensmittel-richtig-lagern-12388/ (02.01.2011)

Erkennen von verdorbenen Lebensmitteln

Die Milch ist sauer, der Käse schimmelig und das Obst faulig. Verdorbene Lebensmittel im Vorrat kommen gelegentlich vor, unterschieden wird dabei zwischen „sichtbarem" und „unsichtbarem" Verderb. In beiden Fällen bleibt in der Regel nichts anderes übrig, als das Lebensmittel zu entsorgen.

Bei einem sichtbaren Verderb verändern sich die Lebensmittel äußerlich, hierzu zählt unter anderem:
- Fäulnis
- Ranzigkeit
- Schimmelbildung
- Gärung
- Säuerung
- Konsistenzveränderungen
- Farbveränderungen
- Geruchsveränderung

Bei einem unsichtbaren Verderb handelt es sich um Lebensmittelinfektionen oder Lebensmittelintoxinationen (Vergiftungen), die weder zu sehen noch zu riechen oder schmecken sind.

Wenn man sich bei einem Lebensmittel nicht ganz sicher ist?

- Bei angeschimmeltem Brot können die Sporen das ganze Brot durchziehen, deshalb komplett entsorgen.

- Obst mit weichen Faulstellen kann giftiges Patulin enthalten, deshalb die Früchte nicht mehr essen.

- H-Milch wird zwar nicht sauer, verdirbt aber trotzdem. Geöffnete H-Milch nur wenige Tage im Kühlschrank lagern.

› Wie Schimmelbefall bei Hart- und Schnittkäse zu handhaben ist, hängt von der Käseart ab. Bei Edelschimmelkäse sind die zur Reifung verwendeten Schimmelpilze unbedenklich, auch wenn die Schnittflächen damit überzogen sind.
Haben andere Hart- und Schnittkäsesorten jedoch Schimmelflecken, auf jeden Fall wegwerfen.

› Vergorene oder verschimmelte Säfte grundsätzlich ausschütten und nicht mehr trinken. Angebrochene Flaschen immer im Kühlschrank aufbewahren und möglichst innerhalb von max. drei bis vier Tagen verbrauchen.

› Den Inhalt geöffneter Dosenkonserven in ein anderes Gefäß umfüllen und abdecken. In Verbindung mit Sauerstoff lösen sich Inhaltsstoffe aus dem Metall und gehen auf den Doseninhalt über. Dosenfrüchte schmecken oft leicht metallisch, da z. B. Zinn aus dem Metall gelöst wird.
Wenn die Aufgussflüssigkeit der Konserve trübe aussieht, ungewöhnlich riecht oder bei Obstkonserven leicht sprudelig ist, sollte der Inhalt umgehend weggeworfen werden.

› Wirkt Fleisch schmierig oder hat es einen ungewöhnlichen Geruch – keine Kompromisse eingehen! – ab in den Müll. Beginnenden Verderb kann man auch durch Anbraten nicht beheben, es ist aber nicht auszuschließen, dass sich bereits giftige Toxine gebildet haben, die hitzeresistent sind.

Lebensmittelunverträglichkeiten

Zöliakie

Krankheitsbild

Zöliakie (auch einheimisch Sprue genannt) ist eine chronische Erkrankung des Dünndarms, die auf einer lebenslangen Unverträglichkeit gegenüber dem Klebereiweiß Gluten, bzw. der Unterfraktion Gliadin beruht. Gluten/Gliadin kommt in den Getreidearten Weizen, Dinkel, Roggen, Gerste, Hafer und Grünkern vor, sowie in den alten Weizensorten Einkorn, Emmer und Kamut, Urkorn und sonstigen Weizenderivaten.

Beim Gesunden wird die aufgenommene Nahrung im Dünndarm in ihre Bestandteile zerlegt und gelangt über die Schleimhaut in den Körper. Um eine möglichst große Oberfläche zur Nährstoffaufnahme zu erhalten, ist der Darm mit vielen Falten, den sogenannten Zotten, ausgekleidet.

Bei Zöliakie-Betroffenen führt die Zufuhr von Gluten zu einer Entzündung in der Darmschleimhaut. Dies hat zur Folge, dass die Zotten sich zurückbilden. Durch die Verringerung der Oberfläche des Dünndarms können nicht mehr genügend Nährstoffe aufgenommen werden. So entstehen im Laufe der Erkrankung Nährstoffdefizite, die eine Reihe an Beschwerden auslösen.

Ursachen

Die eigentliche Ursache für diese Unverträglichkeit ist vermutlich ein Enzymmangel in der Dünndarmschleimhaut oder eine Antigen-Antikörper-Reaktion des Körpers. Da häufig mehrere Familienmitglieder betroffen sind, wird als weitere Ursache eine genetische Veranlagung diskutiert.

Symptome

Klinische Symptome des Magen-Darm-Traktes:
- Durchfall
- Blähungen
- Gewichtsverlust
- Bauchschmerzen
- Übelkeit
- Entzündung der Mundschleimhaut
- Darmkrämpfe
- Verstopfung
- Erbrechen

Begleiterkrankungen, die nicht den Magen-Darm-Trakt betreffen:
- Kraft- und Antriebslosigkeit
- Knochenschmerzen
- Muskelschmerzen
- Arthritis
- Ödeme (Wassereinlagerungen)
- Hautausschlag
- Eisenmangel
- Vitamin D- und Kalziummangel
- Entwicklungsverzögerung (bei Kindern)
- Depression
- Angststörungen
- Kopfschmerzen
- Epilepsie
- Demenz

Viele Zöliakiebetroffene leiden durch die Zerstörung der Dünndarmschleimhautzellen (vorübergehend) an einem Mangel an Laktase, einem Enzym, das für die Spaltung von Milchzucker erforderlich ist.

Der Laktasemangel führt zu einer Milchzuckerunverträglichkeit (Laktoseintoleranz), die sich unter anderem durch Durchfälle, Blähungen und Völlegefühl beim Verzehr von Milch und Milchprodukten äußern kann.

Die Behandlung der Zöliakie

Die Behandlung der Erkrankung erfolgt in erster Linie durch die lebenslange Einhaltung der glutenfreien Ernährung. Dadurch gelingt die Regeneration der abgeflachten Dünndarmschleimhaut meist relativ schnell und die Nährstoffe können wieder über die Darmwand ins Blut aufgenommen werden. Dadurch bessern sich auch zusehends allgemeine Krankheitssymptome wie Schwäche, Gewichtsverlust etc.

Durch die konsequente Meidung des Glutens kann die Symptomatik erfolgreich behandelt werden, die eigentliche Krankheit bleibt jedoch lebenslang bestehen!

Wenn die Diät nicht konsequent eingehalten wird, können erneut Schleimhautveränderungen im Dünndarm auftreten, die nicht unbedingt sofort die entsprechenden Symptome mit Beschwerden im Magen-Darm-Bereich aufzeigen.

Auswahl der Lebensmittel

Bei der Auswahl der Lebensmittel kann zwischen
- „grundsätzlich erlaubten",
- „grundsätzlich verbotenen" und
- „nach sorgfältiger Prüfung"

erlaubten Lebensmitteln unterschieden werden.

Mittlerweile ist der Verzehr von Lebensmitteln des allgemeinen Verkehrs nach sorgfältiger Prüfung möglich. Hierzu stellt die Deutsche Zöliakiegesellschaft schon seit längerem sehr umfangreiche „Positivlisten" glutenfreier Lebensmittel und Arzneimittel zur Verfügung. Diese Listen haben ein Jahr Gültigkeit und unterliegen einem kontinuierlichen Aktualisierungsdienst, da die Lebensmittelindustrie die Rezepturen häufig abändert.

Was beim Zubereiten von Speisen zu beachten ist

Bereits ein Viertel Gramm Weizen kann die Dünndarmschleimhaut schädigen! Daher ist neben der richtigen Auswahl von glutenfreien Lebensmitteln auch wichtig, dass diese im Haushalt nicht durch die gleichzeitige Zubereitung von glutenhaltigen Lebensmitteln oder sonstige glutenhaltige Verunreinigungen belastet werden. Schnell können glutenfreie Lebensmittel durch glutenhaltige Lebensmittel kontaminiert werden. Hier einige Beispiele aus der Praxis:

❱ Lagerung von Lebensmitteln

Glutenhaltige und glutenfreie Produkte nach Möglichkeit in getrennten Schränken und/oder in gut verschließbaren Gefäßen lagern. Dies gilt beispielsweise für Backzutaten, Brot und weitere Backwaren.

Backbleche, Backformen, Brotkörbchen, die ggf. mit glutenhaltigem Material belastet sein können, getrennt von den Backutensilien für die glutenfreie Ernährung lagern.

❱ Arbeitsflächen

Vor Arbeitsbeginn die Arbeitsflächen grundsätzlich gründlich reinigen.

Arbeitsflächen aus Holz sind ungeeignet, da das Material nicht ausreichend gereinigt werden kann.

Nach der Reinigung glutenbelasteter Arbeitsflächen und Arbeitsgeräte auch die Spüllappen, Handtücher, Schwämme, Spülbürsten etc. auswechseln.

❱ Arbeitsgeräte

Zum Backen separate Backformen, Backbleche und Backpinsel verwenden. Die Arbeitsgeräte für die Zubereitung der glutenfreien Lebensmittel gut sichtbar (Aufkleber, Farbpunkte) kennzeichnen und separat lagern, um Verwechslungen zu vermeiden.

Bei Aufschnittmaschinen (Brot, Wurst, Käse) bei unsachgemäßer Reinigung an eine mögliche Glutenbelastung (u. a. auch aufgrund schwer zugänglicher Ecken und Enden) denken und entsprechend gründlich reinigen.

Zum Toasten entweder eine Toasttasche oder einen separaten Toaster verwenden.

Aufgrund der unzureichenden Reinigungsmöglichkeiten keine Arbeitsgeräte aus Holz (z. B. Holzlöffel, Holzwender für Pfannen) verwenden.

Zum Mahlen von Getreide nur Mühlen benutzen, mit denen ausschließlich glutenfreies Getreide gemahlen wird. Beim Kauf einer neuen Getreidemühle darauf hinweisen, dass die Mühle mit glutenfreiem Getreide eingemahlen werden muss.

❱ Nahrungszubereitung

Bei paralleler Zubereitung glutenfreier und glutenhaltiger Lebensmittel, diese grundsätzlich getrennt garen und servieren (Fleisch in der Pfanne anbraten, Nudeln garen, Lebensmittel frittieren etc.).

Beim Kochen darauf achten, dass zum Umrühren (Schneebesen, Löffel) getrenntes Besteck verwendet wird.

Bei Tisch darauf achten, dass zum Schöpfen und Servieren nicht die gleichen Kellen, Tortenschaufeln etc. verwendet werden.

Laktose-Intoleranz

Krankheitsbild

Die in Kuhmilch enthaltene Laktose (Milchzucker) besteht aus den Zuckerbausteinen Glukose (Traubenzucker) und Galaktose (Schleimzucker). Damit Laktose vom Körper aufgenommen werden kann, muss sie zunächst in diese beiden Bestandteile zerlegt werden. Das übernimmt das Enzym Laktase, das sich in der Dünndarm-Schleimhaut befindet. Bei Menschen, die unter Laktose-Intoleranz leiden, findet dieser Vorgang im Körper nicht statt. Der Milchzucker wird durch Darmbakterien vergoren und bleibt im Darm zurück.

Ursachen

Ursache für die Milchzuckerunverträglichkeit ist das Fehlen bzw. die unzureichende Produktion des Verdauungsenzyms Laktase. Dieses ist notwendig, um den Milchzucker in seine Einzelbestandteile (Glucose + Galaktose) zu spalten, die dann in das Blut aufgenommen werden können.

Wird der Milchzucker nicht gespalten und gelangen größere Mengen in untere, mit Bakterien besiedelte Darmabschnitte, dient der Milchzucker den Bakterien als Nährsubstrat. Es entstehen große Mengen an Gasen und organischen Säuren. Diese bewirken ein Einströmen von Wasser in den Darm sowie vermehrte Darmbewegungen.

Diagnose

Zur Sicherung der Diagnose wird ein oraler Milchzuckerbelastungstest mit 50 g Milchzucker durchgeführt. Wird die Laktose im Dünndarm nicht ausreichend resorbiert, kann dies mit verschiedenen Methoden nachgewiesen werden.

Symptome

Die Folgen bzw. Symptome einer Milchzuckerunverträglichkeit sind:
- Bauchschmerzen/ Koliken
- Völlegefühl
- Blähungen
- Durchfall
- Übelkeit

Die Behandlung der Laktose-Intoleranz

Die Therapie der Milchzuckerunverträglichkeit hängt vom Schweregrad der Erkrankung ab, also davon, welche Mengen Milchzucker vertragen werden. Dies reicht von einer völligen Unverträglichkeit bis hin zu einer leichten Unverträglichkeit. Die Umstellung auf eine laktosefreie bzw. laktosereduzierte Ernährung ist dauerhaft die einzige Möglichkeit.

Großer Vorteil für Betroffene ist, dass die Produktpalette an laktosefreien Lebensmitteln inzwischen so umfangreich ist, dass das Essverhalten kaum noch eingeschränkt werden muss.

Eine weitere Möglichkeit – jedoch nicht als Dauerbehandlung empfohlen – ist, sich die Laktase mit Hilfe von Kautabletten- oder in Kapsel-Pulver-Form zuzuführen. Dies nutzen viele Betroffene z. B. beim Essengehen in Restaurants oder im Urlaub.

Saisonkalender für Obst

Obst	Januar	Februar	März	April	Mai	Juni	Juli	August	September	Oktober	November	Dezember
Äpfel	L	L	L	L	L			F	F	F	L	L
Aprikosen							F	F				
Birnen	L	L						F	F	F	L	L
Brombeeren							F	F	F			
Erdbeeren					G	G/F	F	F	F	G		
Heidelbeeren (Blaubeeren)							F	F				
Himbeeren						G	F	F	F			
Holunderbeeren								F	F			
Johannisbeeren						F	F	F				
Kirschen (Sauerkirschen)							F	F				
Kirschen (Süßkirschen)						G/F	F	F				
Mirabellen								F				
Pfirsiche								F				
Pflaumen								F	F			
Preiselbeeren								F	F	F		
Quitten									F	F	F	
Stachelbeeren							F	F				
Weintrauben								F	F	F		

Legende: **F** Freiland · **L** Lager/Sonstige · Geschützter Anbau/Folie · Glashaus (beheizt und unbeheizt)

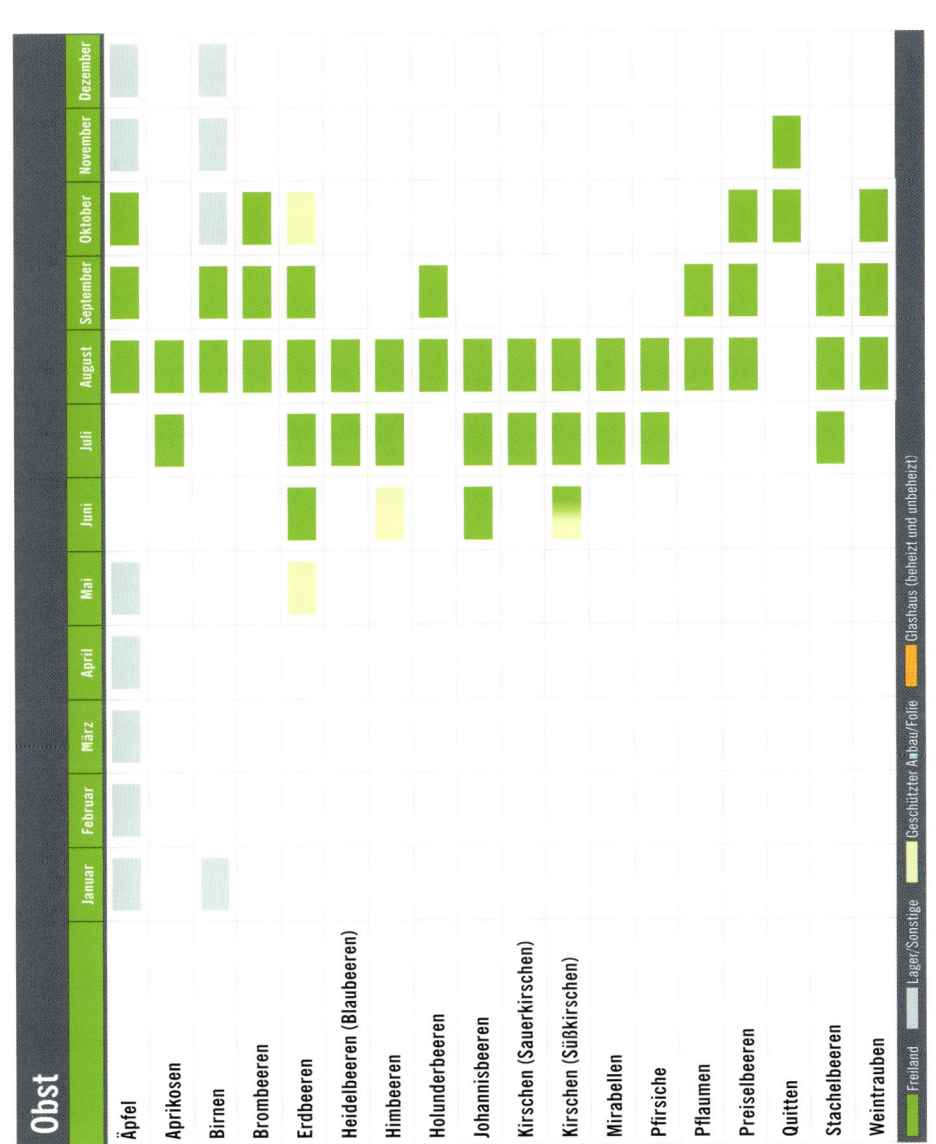

für Gemüse

Basics

Gemüse	Januar	Februar	März	April	Mai	Juni	Juli	August	September	Oktober	November	Dezember
Bataviasalat			■	■	■	■	■	■	■	■	■	
Blumenkohl					■	■	■	■	■	■	■	
Busch- und Stangenbohnen							■	■	■	■		
Brokkoli	■	■	■	■		■	■	■	■	■	■	■
Champignons	■	■	■	■	■	■	■	■	■	■	■	■
Chicorée	■	■	■	■	■					■	■	■
Chinakohl	■	■	■					■	■	■	■	■
Dicke Bohnen						■	■	■				
Eichblattsalat			■	■	■	■	■	■	■	■	■	
Eisbergsalat					■	■	■	■	■	■	■	
Endiviensalat (Escariol, Frisée)				■	■	■	■	■	■	■	■	
Erbsen						■	■	■				
Feldsalat	■	■	■	■	■					■	■	■
Fenchel					■	■	■	■	■	■	■	■
Frühlingszwiebel				■	■	■	■	■	■			
Grünkohl (Braunkohl)										■	■	■
Gurken (Salat- und Minigurken)		■	■	■	■	■	■	■	■	■		
Gurken (Einlege- und Schälgurken)							■	■	■	■		
Kartoffel	■	■	■	■	■	■	■	■	■	■	■	■
Kohlrabi				■	■	■	■	■	■	■	■	
Kopfsalat				■	■	■	■	■	■	■	■	
Kürbis								■	■	■	■	
Lauch (Poree)	■	■	■	■	■	■	■	■	■	■	■	■
Lollo rosso, Lollo bionda					■	■	■	■	■	■	■	
Mairübe					■	■	■	■	■			
Mangold					■	■	■	■	■	■	■	
Möhren	■	■	■	■	■	■	■	■	■	■	■	■

Saisonkalender

Gemüse	Jan	Feb	Mär	Apr	Mai	Jun	Jul	Aug	Sep	Okt	Nov	Dez
Pastinake (Moorwurzel)	L	L							L	L	L	L
Petersilienwurzel	L	L							L	L	L	L
Portulak				F	F	F	F	F	F	F		
Radicchio					G	F	F	F	F	F	L	
Radieschen			G	G	F	F	F	F	F	F	G	
Rettich				G	F	F	F	F	F	F	L	
Rhabarber				F	F	F						
Romanasalat				G	F	F	F	F	F	F		
Romanesco						F	F	F	F	F	L	
Rosenkohl	L	L	L						F	F	F	F
Rote Bete	L	L	L			F	F	F	F	F	F	L
Rotkohl	L	L	L			F	F	F	F	F	F	L
Rucola (Rauke)			G	G	F	F	F	F	F	F	G	
Schwarzer Rettich (Winterrettich)	L	L							F	F	L	L
Schwarzwurzel	L	L	L						F	F	L	L
Sellerie (Knollensellerie)	L	L	L				F	F	F	F	F	L
Sellerie (Stangensellerie)						F	F	F	F	F	F	
Spargel				F	F	F						
Spinat			G	F	F	F	F	F	F	F	G	
Spitzkohl					F	F	F	F	F	F	L	
Steckrüben (Kohlrüben)	L	L	L						F	F	F	L
Tomaten	G	G	G	G	G	G	F	F	F	F	G	G
Topinambur	L	L	L							F	L	L
Weiße Rübe (Herbstrübe, Teltower Rübchen)	L	L				F	F	F	F	F	F	L
Weißkohl	L	L	L			F	F	F	F	F	F	L
Wirsing	L	L	L		F	F	F	F	F	F	F	L
Zucchini						F	F	F	F	F		
Zuckermais								F	F	F		
Zwiebel	L	L					F	F	F	F	L	L

Legende: ■ Freiland ■ Lager/Sonstige ■ Geschützter Anbau/Folie ■ Glashaus (beheizt und unbeheizt)

Maße und Gewichte

Nicht bei jedem Lebensmittel ist die Umrechnung von Milliliter oder Liter in Gramm bzw. Kilogramm gleich. Zwar entspricht ein Liter Wasser genau einem Kilogramm, ein Liter Öl wiegt dagegen nur etwa 900 g. Die Angaben sind deshalb nur Richtwerte:

1 Kilogramm (kg)
- 1000 Gramm (g)
- etwa 1 Liter (l)
- etwa 1000 Milliliter (ml)
- etwa 1000 Kubikzentimeter (ccm)
- etwa 100 Zentiliter (cl)
- etwa 10 Deziliter (dl)

250 Gramm (g)
- etwa 1 Viertelliter (1/4 l)
- etwa 250 Milliliter (ml)
- etwa 250 Kubikzentimeter (ccm)
- etwa 25 Zentiliter (cl)
- etwa 2,5 Deziliter (dl)

Ein gefüllter Suppenteller entspricht etwa 250 ml.
Eine Tasse entspricht knapp 125 ml.
Ein Schnapsglas entspricht etwa 2 cl.

Eine Messerspitze entspricht der Menge auf der Spitze eines spitzen Messers.
Eine Prise entspricht der Menge zwischen Daumen und Zeigefinger.

Wiegen ohne Waage

Flüssigkeiten
1 Esslöffel entspricht ... etwa 15 ml
1 Teelöffel entspricht ... etwa 5 ml
In eine Tasse passen ... etwa 125 ml Flüssigkeit

Fette/Öl
1 TL Butter, Margarine oder Öl entspricht ... etwa 5 g
1 EL Butter, Margarine oder Öl entspricht ... etwa 10 g
1 TL gehäuft mit Butter oder Margarine entspricht ... etwa 20–25 g

Mehl
1 TL Mehl, gestrichen, entspricht ... etwa 5 g
1 EL Mehl, gestrichen, entspricht ... etwa 10 g
1 Tasse Mehl entspricht ... etwa 80 g

Backpulver
1 TL Backpulver, gestrichen, entspricht ... etwa 4 g

Speisestärke
1 TL Speisestärke entspricht ... etwa 3 g
1 EL Speisestärke entspricht ... etwa 8 g

Zucker
1 TL Zucker entspricht ... etwa 8 g
1 EL Zucker entspricht ... etwa 15 g
1 Stück Würfelzucker entspricht ... etwa 5 g

Grieß/Semmelmehl
1 EL Grieß, gestrichen, entspricht ... etwa 12 g
1 Tasse Grieß entspricht ... etwa 100 g

Gewürze
1 TL Gewürze, gemahlen, gestrichen entspricht ... etwa 2 g

Reis

1 EL Reis entspricht	etwa 15 g
1 Tasse Reis entspricht	etwa 120 g

Brot / Brötchen

1 Scheibe Brot (normale Größe) entspricht	etwa 40 g
1 Scheibe Knäckebrot entspricht	etwa 10 g
1 Brötchen entspricht	etwa 45 g

Wurst / Käse

1 Scheibe Käse entspricht	etwa 30 g
1 Scheibe Schinken (dünn) entspricht	etwa 25 g
1 Scheibe Schinken (dick, gekocht) entspricht	etwa 50 g
4 Scheiben Salami entsprechen	etwa 20 g

Obst

1 Apfel entspricht	etwa 150 g
1 Birne/Banane entspricht	etwa 150 g
1 Orange entspricht	etwa 180 g
1 Pfirsich entspricht	etwa 100 g

Gemüse

1 Tomate entspricht	etwa 50–100 g
1 Salatgurke entspricht	etwa 400–500 g
1 Zwiebel entspricht	etwa 50 g
1 Bund Radieschen entspricht	etwa 50 g
1 Aubergine, mittelgroß, entspricht	etwa 450 g
1 Chinakohl, mittelgroß, entspricht	etwa 700 g
1 Eisbergsalat entspricht	etwa 900 g
1 Kartoffel, mittelgroß, entspricht	etwa 100–150 g
1 Kartoffel, groß, entspricht	etwa 150–200 g
1 Kohlrabi, mittelgroß, entspricht etwa	300–400 g
1 Stange Lauch, mittelgroß, entspricht	etwa 300–400 g
1 Möhre, mittelgroß, entspricht	etwa 120 g
1 Paprikaschote entspricht	etwa 150–200 g
1 Zucchini, klein, entspricht	etwa 150–200 g

Sonstiges

1 EL Honig entspricht	etwa 25 g
1 EL Marmelade entspricht	etwa 20–25 g
1 EL Haferflocken (gehäuft) entspricht	etwa 10 g
1 EL Quark (gehäuft) entspricht	etwa 50 g

Grundmengen pro Person

Nudeln
als Beilage, Rohgewicht	50–75 g
als Hauptgericht, Rohgewicht	75–100 g
als Suppeneinlage, Rohgewicht	25 g

Reis
als Beilage, Rohgewicht	40–70 g
als Hauptgericht, Rohgewicht	75–100 g

Kartoffeln
als Beilage, ungeschält	150–200 g
als Hauptgericht, ungeschält	ca. 300 g
Kartoffelklöße	2 Stück
Kartoffelpüree	ca. 200 g

Fleisch
Fleisch ohne Knochen, roh	150–200 g
Fleisch als Gulasch oder Frikassee	125 g

Geflügel
Filet ohne Knochen	150 g
Fleisch roh mit Knochen	200–250 g

Fisch
Fischfilet, roh	180 g
ganzer, ausgenommener Fisch mit Kopf und Gräten	300 g

Gemüse
ungeputztes Gemüse als Beilage	250–300 g
geputztes Gemüse als Rohkost	80–100 g
geputzte Blattsalate	50–75 g

Suppe
klare/gebundene als Vorspeise	200–250 ml
Eintopf als Hauptspeise	300–500 ml

Saucen
Bratensauce	60–80 ml
Nudelsauce	125 ml

Desserts
Pudding	150–200 g
Kompott	125–150 g
Quarkspeisen	100–125 g

Brot
Frühstück oder Brunch:
Brötchen, Croissants, Laugengebäck	150–200 g

Klassisches kaltes Abendessen:
Vollkorn- und/oder Graubrot	200 g

Grillparty
Baguette, Fladenbrot, Ciabatta	100–150 g

Belag
Frühstück oder Brunch:
2 Scheiben Schnittkäse und 2 Scheiben Wurstaufschnitt
Kaltes Abendessen:
2–3 Scheiben Käse und 2–3 Scheiben Wurst = etwa 100 g

Einige Küchen-Tipps
1. Rezept zuerst einmal ganz durchlesen – das erspart einem böse Überraschungen.
2. Alle Zutaten bereitstellen – dann merkt man auch gleich, ob alles da ist.
3. Überlegen – welchen Topf nutze ich für welche Komponente?
4. Bei mehreren Personen in der Küche – absprechen wer wofür zuständig ist.
5. Je größer der Wassertopf, umso länger dauert es bis das Wasser kocht. Deshalb: Wasser rechtzeitig aufsetzen!
6. Jeden Tag neue Spülschwämme und -lappen verwenden.

Das bedeutet:

- Backofen wird benötigt
- Kochstellen werden benötigt
- Schwierigkeitsgrad
- Vegetarisch

Rezepte

- Suppen
- Salate
- Dressings
- Komplette Gerichte
- Fleischgerichte
- Soßen
- Beilagen
- Nachtisch
- Kuchen
- Brote, Brötchen
- Sonstiges
- Getränke

Suppen

Flädlesuppe

Mahlzeit:	**Suppe**
Vegetarisch:	**nein**
Vegetarisch leicht möglich:	**ja**
Schwierigkeitsgrad:	**★★**

Zutaten für 10 Personen

300 g	Mehl
650 ml	Milch
4	Eier
2 Bund	Schnittlauch
3 l	Wasser für Fleisch- oder Gemüsebrühe
	Salz
	Butter zum Ausbacken der Pfannkuchen

Zutaten für 60 Personen

1,8 kg	Mehl
4 l	Milch
25	Eier
12 Bund	Schnittlauch
18 l	Wasser für Fleisch- oder Gemüsebrühe
	Salz
	Butter zum Ausbacken der Pfannkuchen

Zubereitung

1. Die Hälfte der Milch mit Mehl, Eiern und Salz zu einem dicken, glatten Teig rühren.
2. Nach und nach mit der übrigen Milch verdünnen.
3. In einer beschichteten Pfanne mit ganz wenig Fett Pfannkuchen ausbacken.
4. Die Pfannkuchen auskühlen lassen, aufwickeln und in schmale Streifen schneiden.
5. Das Wasser mit der Fleischbrühe zum Kochen bringen.
6. Die Flädle in Schüsseln verteilen und mit der kochenden Brühe übergießen.
7. Sofort servieren.

Käse-Hackfleisch-Suppe

Mahlzeit:	**Suppe**
Vegetarisch:	**nein**
Vegetarisch leicht möglich:	**nein**
Schwierigkeitsgrad:	******

Zutaten für 10 Personen

1,2 kg	gemischtes Hackfleisch
3	Stangen Porree/Lauch
4	Zwiebeln
1,8 l	Brühe
400 g	Kräuterschmelzkäse
400 g	Sahneschmelzkäse
2	Kartoffeln
	Salz und Pfeffer

Zutaten für 60 Personen

7,2 kg	gemischtes Hackfleisch
18	Stangen Poree
24	Zwiebeln
10,8 l	Brühe
2,4 kg	Kräuterschmelzkäse
2,4 kg	Sahneschmelzkäse
12	Kartoffeln
	Salz und Pfeffer

Zubereitung

1. Porree putzen, in dünne Ringe schneiden und gut waschen.
2. Die Zwiebeln schälen und fein würfeln.
3. Einen großen Topf auf den Herd stellen und Öl darin erhitzen.
4. Das Hackfleisch im heißen Fett anbraten, Zwiebeln und Porree hinzufügen.
5. Die Brühe angießen und 20 Minuten köcheln lassen.
6. Den Käse unterrühren bis er sich aufgelöst hat.
7. Mit Salz und Pfeffer abschmecken.

Hinweise

1. Zur Suppe passt sehr gut Weißbrot.
2. Wer die Suppe etwas dicker mag, Kartoffeln schälen, kleinschneiden und in der Suppe mitkochen, das dickt die Suppe an.

Nudelsuppe

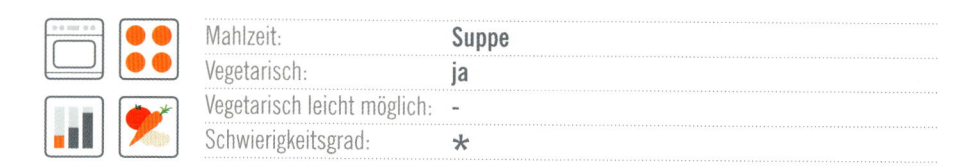

Mahlzeit:	Suppe
Vegetarisch:	ja
Vegetarisch leicht möglich:	-
Schwierigkeitsgrad:	*

Zutaten für 10 Personen

400 g	Suppennudeln
3,5 l	Wasser für Fleisch- oder Gemüsebrühe
1/2 Bund	Petersilie

Zutaten für 60 Personen

2,5 kg	Suppennudeln
20 l	Wasser
1 Dose	Fleisch- oder Gemüsebrühe
2 Bund	Petersilie

Zubereitung

1. Das Wasser in einem Topf zum Kochen bringen, das Brühpulver hineingeben und aufkochen.
2. Suppennudeln in die Schüsseln verteilen.
3. Petersilie waschen, von den Stielen zupfen und kleinschneiden.
4. Kurz vor dem Servieren die kochende Brühe über die Nudeln geben und kurz ziehen lassen.
5. Mit Petersilie bestreuen und servieren.

Hinweis

Die dünnen Suppennudeln müssen nicht vorgekocht werden. Sie ziehen in der Schüssel und sind gar, bis sie auf dem Tisch steht.

Tomatencremesuppe

Mahlzeit:	**Suppe**
Vegetarisch:	**ja**
Vegetarisch leicht möglich:	-
Schwierigkeitsgrad:	**

Zutaten für 10 Personen

140 g	Zwiebeln
100 g	Margarine
100 g	Mehl
100 g	Tomatenmark
2,5 l	Brühe
1 TL	Salz
1/4 TL	Pfeffer
	Basilikum, Majoran, Nelke
2	Lorbeerblätter
400 ml	Sahne
	Petersilie

Zutaten für 60 Personen

840 g	Zwiebeln
600 g	Margarine
600 g	Mehl
600 g	Tomatenmark
15 l	Brühe
5 TL	Salz
1 TL	Pfeffer
	Basilikum, Majoran, Nelke
12	Lorbeerblätter
2,4 l	Sahne
	Petersilie

Zubereitung

1. Zwiebeln schälen und fein schneiden.
2. Die Margarine erhitzen und die Zwiebeln darin glasig dünsten.
3. Das Mehl zugeben und goldgelb anschwitzen.
4. Tomatenmark zugeben und kurz mit anschwitzen.
5. Mit der Brühe ablöschen und aufkochen lassen.
6. Mit den Gewürzen abschmecken, die Lorbeerblätter zugeben und 10 Minuten köcheln lassen.
7. Die Suppe mit der Sahne verfeinern, nochmals abschmecken.
8. In Schüsseln verteilen und mit der Petersilie bestreuen.

Salate

Eisbergsalat mit Triefensteiner Soße

Mahlzeit:	**Salat**
Vegetarisch:	**ja**
Vegetarisch leicht möglich:	-
Schwierigkeitsgrad:	*

Zutaten für 10 Personen

2	Eisbergsalat
125 ml	Wasser
125 ml	Essig
500 ml	Öl
250 ml	Joghurt
2 EL	Salz
1/2 EL	Zucker
	Pfeffer, Knoblauch, Senf, Kräuter
	(Schnittlauch oder fertige Kräutermischung für Salate)

Zutaten für 60 Personen

8	Eisbergsalat
500 ml	Wasser
500 ml	Essig
2 l	Öl
1 kg	Joghurt
8 EL	Salz
4 EL	Zucker
	Pfeffer, Knoblauch, Senf, Kräuter
	(Schnittlauch oder fertige Kräutermischung für Salate)

Zubereitung

1. Den Eisbergsalat in Streifen schneiden und waschen.
2. Salatkräuter zerkleinern und aus den angegebenen Zutaten ein Dressing rühren.
3. Über den Salat geben und gut untermischen.

SALAT WASCHEN
Salat aus eigenem Anbau und Bio-Salat sollte in Salzwasser gewaschen werden (kurz im Wasser liegen lassen). Dann sterben die kleinen Tierchen ab.

Gnocchi-Salat

Mahlzeit:	**Salat**
Vegetarisch:	**ja**
Vegetarisch leicht möglich:	-
Schwierigkeitsgrad:	*

Zutaten für 10 Personen

1,5 kg	Gnocchi
3	Kugeln Mozzarella
750 g	Kirschtomaten
6	Packungen Knorr Salatkrönung italienische Art
180 ml	Wasser
150 ml	Olivenöl
15	Blätter Basilikum

Zutaten für 60 Personen

7,5 kg	Gnocchi
15	Kugeln Mozzarella
3,75 kg	Kirschtomaten
30	Packungen Knorr Salatkrönung italienische Art
900 ml	Wasser
750 ml	Olivenöl
1,5 Bund	Blätter Basilikum

Zubereitung

1. Gnocchi nach Anleitung kochen und abkühlen lassen.
2. Kirschtomaten waschen und vierteln.
3. Mozzarella abtropfen und in Würfel schneiden.
4. Die Salatkrönung mit Wasser und Olivenöl verrühren.
5. Basilikumblätter waschen und kleinschneiden.
6. Alle Zutaten gut mischen und etwas durchziehen lassen.

Griechischer Bauernsalat

Mahlzeit:	**Salat**
Vegetarisch:	**ja**
Vegetarisch leicht möglich:	-
Schwierigkeitsgrad:	******

Zutaten für 10 Personen

2	Salatgurken
1/4 Bund	Frühlingszwiebeln
12	Tomaten
400 g	Schafskäse oder auch Fetakäse
160 g	schwarze Oliven
	Salz und Pfeffer
	Zucker
100 ml	Balsamico-Essig
125 ml	Olivenöl

Zutaten für 60 Personen

10	Salatgurken
1,5 Bund	Frühlingszwiebeln
60	Tomaten
2 kg	Schafskäse oder auch Fetakäse
800 g	schwarze Oliven
	Salz und Pfeffer
	Zucker
500 ml	Balsamico-Essig
625 ml	Olivenöl

Zubereitung

1. Gurken und Tomaten waschen und in Würfel schneiden.
2. Frühlingszwiebeln waschen und in dünne Ringe schneiden.
3. Schafskäse abtropfen lassen und in Würfel schneiden.
4. Oliven abgießen und abtropfen lassen.
5. Gurken, Tomaten, Frühlingszwiebeln, Schafskäse und Oliven in eine Schüssel geben.
6. Balsamico-Essig und Olivenöl gut vermischen, mit Salz, Pfeffer und Zucker würzen und abschmecken.
7. Die Salatsoße über die klein geschnittenen Zutaten geben und alles miteinander vermengen. Gut durchziehen lassen.

Gurkensalat

Mahlzeit:	**Salat**
Vegetarisch:	**ja**
Vegetarisch leicht möglich:	-
Schwierigkeitsgrad:	*

Zutaten für 10 Personen

300 g	Joghurt
300 g	Sauerrahm
	Senf
1/3 Bund	Dill
	Salz, Pfeffer
12 ml	Essig
2	Gurken

Zutaten für 60 Personen

1,5 l	Joghurt
1,5 l	Sauerrahm
	Senf
2 Bund	Dill
	Salz, Pfeffer
75 ml	Essig
12	Gurken

Zubereitung

1. Den Dill waschen und schneiden.
2. Aus allen Zutaten eine Marinade zubereiten und mit dem Schneebesen kräftig durchschlagen. Abschmecken und kalt stellen.
3. Die Gurken waschen, schälen und hobeln. Abgedeckt kalt stellen.
4. Erst kurz vor dem Essen die Gurken marinieren.

Karottensalat

Mahlzeit:	**Salat**
Vegetarisch:	ja
Vegetarisch leicht möglich:	-
Schwierigkeitsgrad:	*

Zutaten für 10 Personen

750 g	Karotten
300 ml	Sahne
1 TL	Salz
1,5 EL	Zucker
1/2	Zitrone, ausgepresst

Zutaten für 60 Personen

4,5 kg	Karotten
1,8 l	Sahne
6 TL	Salz
9 EL	Zucker
3	Zitronen, ausgepresst

ZITRONEN
Werden nur ein paar Spritzer Zitronensaft gebraucht, kann mit einer dickeren Stricknadel ein Loch in die Frucht gestochen werden. Nun kann man so viel Saft herausdrücken, wie man braucht. Auf diese Weise trocknet die Zitrone nicht aus und bleibt länger haltbar.

Zubereitung

1. Karotten schälen und in feine Streifen reiben.
2. Mit den oben genannten Zutaten in einer Schüssel mischen und mindestens 1 Stunde durchziehen lassen.
3. Nochmals abschmecken und servieren.

Hinweis

1. Sehr lecker: grob gehackte Walnusskerne unter den Salat mischen.
2. Statt Sahne kann auch Kondensmilch verwendet werden.

Kartoffelsalat

Mahlzeit:	**Salat**
Vegetarisch:	**ja**
Vegetarisch leicht möglich:	-
Schwierigkeitsgrad:	**

Zutaten für 10 Personen

- 2,5 kg Salatkartoffel
- 2 Zwiebeln
- 0,5 l Gemüsebrühe
- 5 EL Essig
- 5 EL Öl
- Salz, Pfeffer

Zutaten für 60 Personen

- 15 kg Salatkartoffel
- 12 Zwiebeln
- 3 l Gemüsebrühe
- 400 ml Essig
- 400 ml Öl
- Salz, Pfeffer

Zubereitung

1. Kartoffeln kochen, abgießen und kurz auskühlen lassen.
2. Die handwarmen Kartoffeln schälen und in Scheiben schneiden.
3. Zwiebeln fein schneiden und in einer Schüssel das Salz sowie die warme Gemüsebrühe dazugeben. Nach Belieben mit Pfeffer würzen. Anschließend die Mischung über die Kartoffeln geben.
4. Vorsichtig durchmischen, sodass die Kartoffeln möglichst wenig zerfallen, in der Wärme eine Zeitlang durchziehen lassen.
5. Nach dem Durchziehen das Öl dazugeben, nochmals mischen und abschmecken.
6. Sollte der Salat zu trocken sein, noch etwas heiße Brühe zugeben.

Nudelsalat

Mahlzeit:	**Salat**
Vegetarisch:	**nein**
Vegetarisch leicht möglich:	**ja**
Schwierigkeitsgrad:	✱

Zutaten für 10 Personen

500 g	Nudeln
400 g	Schinken oder Schinkenwurst
500 ml	Erbsen mit Möhrchen in der Dose
1 Dose	Mais á 340 g
1/2 Glas	Essiggurken
	Essig
	Öl
	Salz, Pfeffer

Zutaten für 60 Personen

3 kg	Nudeln
2,5 kg	Schinken oder Schinkenwurst
2,5 l	Erbsen mit Möhrchen in der Dose
6 Dosen	Mais á 340 g
3 Gläser	Essiggurken
	Essig
	Öl
	Salz, Pfeffer

Zubereitung

1. Die Nudeln in reichlich Salzwasser kochen, schwenken und gut abtropfen lassen.
2. Die Schinkenwurst in kleine Würfel schneiden.
3. Gemüse aus Dosen in ein Sieb schütten und abtropfen lassen.
4. Essiggurken in kleine Stücke schneiden.
5. Alle Zutaten miteinander vermengen und mit Essig und Öl sowie Salz und Pfeffer abschmecken.

Hinweis

In der vegetarischen Variante kann die Schinkenwurst durch Käsewürfel ersetzt werden.

Schichtsalat

Mahlzeit:	**Salat**
Vegetarisch:	**nein**
Vegetarisch leicht möglich:	**ja**
Schwierigkeitsgrad:	✱

Zutaten für 10 Personen

1 Glas	Selleriesalat á 370 ml
1 Dose	Ananasstücke á 850 ml
1 Dose	Mais á 340 g
1 Stange	Lauch
6 Scheiben	gekochter Schinken
2	Äpfel
5	Eier
1 Glas	Miracel Whip á 500 ml
200 g	Gouda (grob geraspelt)

Zutaten für 60 Personen

6 Gläser	Selleriesalat á 370 ml
6 Dosen	Ananasstücke á 850 ml
6 Dosen	Mais á 340 g
6 Stangen	Lauch
1,2 kg	gekochter Schinken
12	Äpfel
30	Eier
6 Gläser	Miracel Whip á 500 ml
1,2 kg	Gouda (grob geraspelt)

Zubereitung

1. Selleriesalat in ein Sieb gießen und Flüssigkeit abtropfen lassen.
2. Ananas ebenfalls abtropfen lassen, den Saft auffangen.
3. Lauch putzen, waschen und in dünne Ringe schneiden.
4. Den gekochten Schinken in dünne Streifen schneiden.
5. Äpfel schälen und grob raspeln.
6. Eier hart kochen, pellen und in dünne Scheiben schneiden.
7. Die Zutaten in folgender Reihenfolge in eine Schüssel schichten:
   - Selleriesalat
   - Ananasstücke
   - Maiskörner
   - Hälfte der Lauchringe
   - Schinkenstreifen
   - geraspelte Äpfel
   - Eierscheiben
   - restliche Lauchringe
   - 6–8 EL Ananassaft
   - Miracel Whip
   - Geriebener Gouda
8. Unbedingt die Reihenfolge der Schichten einhalten. Kühl stellen und über Nacht durchziehen lassen.

Tomatensalat

Mahlzeit:	**Salat**
Vegetarisch:	**ja**
Vegetarisch leicht möglich:	-
Schwierigkeitsgrad:	*

Zutaten für 10 Personen

2 kg	Tomaten
60 ml	Essig
10 g	Salz
Prise	Zucker
	Pfeffer weiß
100 g	Zwiebeln
1/3 Bund	Basilikum
1 EL	Öl

Zutaten für 60 Personen

10 kg	Tomaten
350 ml	Essig
50 g	Salz
30 g	Zucker
	Pfeffer weiß
500 g	Zwiebeln
2 Bund	Basilikum
4 EL	Öl

Zubereitung

1. Die Tomaten waschen, halbieren und die Stielansätze entfernen. In Scheiben schneiden.
2. Die Zwiebeln schälen und fein schneiden.
3. Das Basilikum waschen und ebenfalls klein schneiden.
4. Aus Essig, Salz, Zucker, Pfeffer, Zwiebeln, Basilikum und Öl eine Marinade herstellen und über die Tomatenscheiben geben.

GEWÜRZE LAGERN

Gewürze geben jedem Essen erst den richtigen Pfiff. Am aromatischsten sind sie frisch gepflückt, jedoch leider nicht immer verfügbar. Deshalb gibt es eine riesige Auswahl an getrockneten Gewürzen und Kräutern. Um ihr Aroma zu erhalten, sollten diese immer verschlossen, trocken, kühl und dunkel aufbewahrt werden. Am besten eignen sich dazu Gewürzdosen, die sich fest verschließen lassen. Bei Verwendung möglichst nicht direkt aus ihrem Behälter in den dampfenden Kochtopf streuen. Denn das kann dazu führen, dass sie feucht werden und verklumpen.

Tortellinisalat

Mahlzeit:	**Salat**
Vegetarisch:	**nein**
Vegetarisch leicht möglich:	**ja**
Schwierigkeitsgrad:	✱

Zutaten für 10 Personen

600 g	getrocknete Tortellini mit Käsefüllung
750 g	Minitomaten
500 g	gekochter Schinken
300 g	Salatmayonnaise
250 g	saure Sahne
3 EL	Essig
6 EL	Olivenöl
3	Knoblauchzehen
7 Blätter	Basilikum
1 Bund	Schnittlauch
	Salz und Pfeffer

Zutaten für 60 Personen

3,5 kg	getrocknete Tortellini mit Käsefüllung
4,5 kg	Minitomaten
3 kg	gekochter Schinken
1,8 kg	Salatmayonnaise
1,5 kg	saure Sahne
180 ml	Essig
360 ml	Olivenöl
18	Knoblauchzehen
1 Bund	Basilikum
6 Bund	Schnittlauch
	Salz und Pfeffer

Zubereitung

1. Wasser mit etwas Salz zum Garen der Tortellini aufsetzen und die Tortellini bissfest kochen.
2. Die Minitomaten waschen und in Viertel schneiden.
3. Den gekochten Schinken würfeln.
4. Nudeln, Minitomaten und Schinken in eine Schüssel geben und vermischen.
5. Den Schnittlauch waschen, in kleine Röllchen schneiden und ebenfalls in die Schüssel geben.
6. Für die Soße Salatmayonnaise, saure Sahne, Essig und Öl mit Pfeffer, Salz und kleingeschnittenem Basilikum gut verrühren.
7. Die Soße etwa 1 Stunde vor dem Servieren über die Nudeln geben.

Hinweis

1. Man kann auch Tortellini mit Fleischfüllung nehmen und dem Salat noch kleine Goudawürfel hinzufügen.

Wurstsalat

Mahlzeit:	**Salat**
Vegetarisch:	**nein**
Vegetarisch leicht möglich:	**nein**
Schwierigkeitsgrad:	******

Zutaten für 10 Personen

1100 g	Fleischwurst
400 g	Schwarzwurst
800 g	saure Gurken
250 g	Emmentaler
150 g	Zwiebeln
70 ml	Essig
110 ml	Öl
6	Prisen Salz
6 TL	Senf
6	Prisen Zucker

Zutaten für 60 Personen

5,5 kg	Fleischwurst
2 kg	Schwarzwurst
4 kg	saure Gurken
1,25 kg	Emmentaler
750 g	Zwiebeln
350 ml	Essig
550 ml	Öl
9 g	Salz
240 g	Senf
9 g	Zucker

Zubereitung

1. Wurst in dünne Streifen schneiden und in eine Schüssel geben.
2. Zwiebeln abziehen und fein schneiden.
3. Aus den Zwiebeln und den restlichen Zutaten eine Salatsoße machen und über die Wurststreifen geben.
4. Alles gut durchmischen und den Salat (mindestens 2 Stunden) ziehen lassen.

Hinweis

Vor allem bei großen Mengen ist es viel Arbeit, die Wurst, den Käse und die Gurken in Streifen zu scheiden. Hier gibt es zwei Möglichkeiten:

1. Wurst beim Metzger schon geschnitten bestellen. Von manchen Marken gibt es auch „Wurstsalatgurken" schon geschnitten zu kaufen.
2. Manche Küchenmaschinen haben ein Schnitzelwerk, das sowohl für die Gurken und den Käse als auch für die Fleischwurst funktioniert. Bei Schwarzwurst haben wir noch keine Lösung gefunden.

Dressing

Griechisches Dressing

Mahlzeit:	**Salatdressing**
Vegetarisch:	**ja**
Vegetarisch leicht möglich:	-
Schwierigkeitsgrad:	★★

Zutaten für 10 Personen

- 5 Knoblauchzehen
- 2,5 TL getrockneter Thymian
- 9 EL heller Balsamico-Essig
- 250 ml Gemüsebrühe
- 7 EL Olivenöl
- 25 Oliven
- Salz, Pfeffer
- 5 Prisen Zucker
- Frische Kräuter (z. B. Rosmarin, Basilikum, Schnittlauch)

Zutaten für 60 Personen

- 30 Knoblauchzehen
- 15 TL getrockneter Thymian
- 540 ml heller Balsamico-Essig
- 1,5 l Gemüsebrühe
- 420 ml Olivenöl
- 600 g Oliven
- 9 g Zucker
- Salz, Pfeffer
- Frische Kräuter (z. B. Rosmarin, Basilikum, Schnittlauch)

Zubereitung

1. Den Knoblauch zerdrücken und mit Thymian, Essig, Brühe und Öl solange verquirlen, bis eine Emulsion entstanden ist (d. h. das Öl trennt sich nicht mehr von Essig und Brühe).
2. Oliven in Scheiben schneiden und zusammen mit den frischen Kräutern unterrühren.
3. Dressing mit Salz, Zucker und Pfeffer abschmecken.

Hinweis

Es kann auch Honig untergerührt werden.
Rote Zwiebeln in Ringe schneiden und zugeben.

Kräuter-Vinaigrette

Mahlzeit: **Salat**
Vegetarisch: **ja**
Vegetarisch leicht möglich: -
Schwierigkeitsgrad: *****

Zutaten für etwa 10 Personen

125 ml	Essig
125 ml	Wasser
25 g	Salz
10 g	Zucker
	Pfeffer weiß
1 Bund	Schnittlauch
1 Bund	Petersilie
2 kleine	Zwiebeln
100 ml	Öl
200 ml	Brühe
	evtl. Senf, andere Gewürze

Zutaten für 60 Personen

500 ml	Essig
500 ml	Wasser
100 g	Salz
40 g	Zucker
	Pfeffer weiß
4 Bund	Schnittlauch
4 Bund	Petersilie
8 kleine	Zwiebeln
400 ml	Öl
800 ml	Brühe
	evtl. Senf, andere Gewürze

Zubereitung

1. Schnittlauch und Petersilie waschen und schneiden.
2. Zwiebeln häuten und fein schneiden.
3. Aus allen Zutaten eine Marinade herstellen, mit Senf und Brühe abschmecken.

ZWIEBELN
Die Küchenzwiebel ist eine der ältesten Kulturpflanzen der Menschheit und wird schon seit mehr als 5000 Jahren als Heil-, Gewürz- und Gemüsepflanze kultiviert. Verwendet wird der Zwiebellauch oder die eigentliche Zwiebel, meist fein gehackt oder in Ringe geschnitten, sie wird roh oder geröstet gegessen oder beim Garen anderer Speisen mitgedünstet. Wird die Zwiebel vor dem Schälen in Wasser eingeweicht, lässt sich die Zwiebelhaut leichter abziehen. Ein Abspülen mit kalten Wasser nach dem Schälen vermindert das Tränen der Augen beim Schneiden.

Triefensteiner Soße

Mahlzeit:	**Salatdressing**
Vegetarisch:	**ja**
Vegetarisch leicht möglich:	-
Schwierigkeitsgrad:	*

Zutaten für 10 Personen

125 ml	Wasser
125 ml	Essig
500 ml	Öl
250 ml	Joghurt
2 EL	Salz
1/2 EL	Zucker
	Pfeffer, Knoblauch, Senf, Kräuter
	(Schnittlauch oder fertige Kräutermischung für Salate)

Zutaten für 60 Personen

500 ml	Wasser
500 ml	Essig
2 l	Öl
1 kg	Joghurt
8 EL	Salz
4 EL	Zucker
	Pfeffer, Knoblauch, Senf, Kräuter
	(Schnittlauch oder fertige Kräutermischung für Salate)

Zubereitung

1. Salatkräuter zerkleinern und aus den angegebenen Zutaten ein Dressing rühren.
2. Über den Salat geben und gut untermischen.

Komplette Gerichte

Chili con Carne

Mahlzeit:	**komplette Gerichte**
Vegetarisch:	**nein**
Vegetarisch leicht möglich:	-
Schwierigkeitsgrad:	*

Zutaten für 10 Personen

8 EL	Öl
1,2 kg	gemischtes Hackfleisch
2 TL	Chilipulver
3 TL	Salz
3 TL	Paprikapulver
2 TL	Zucker
2	große Zwiebeln
2	rote Paprikaschoten
1	Chilischote (frisch oder getrocknet)
3	Knoblauchzehen
1 Liter	Fleischbrühe
2 Dosen	gestückelte Tomaten, á 240 g
1/2 Pck.	Tomatenpüree, á 500 g
2 Dosen	Kidneybohnen, á 255 g
1 Dose	Mais
5	Kartoffeln
1–2	Baguette

Zutaten für 60 Personen

45 EL	Öl
7,5 kg	gemischtes Hackfleisch
10 TL	Chilipulver
15 TL	Salz
15 TL	Paprikapulver
10 TL	Zucker
12	große Zwiebeln
14	rote Paprikaschoten
7	Chilischoten (frisch oder getrocknet)
20	Knoblauchzehen
6 Liter	Fleischbrühe
10 Dosen	gestückelte Tomaten, á 240 g
2 Pck.	Tomatenpüree, á 500 g
12 Dosen	Kidneybohnen, á 255 g
3 Dosen	Mais
1 kg	Kartoffeln
10	Baguette

Zubereitung

1. Mit etwas Öl das Hackfleisch krümelig anbraten und mit Salz und Paprikapulver würzen.
2. Zwiebeln schälen und würfeln.
3. Paprikaschoten, frische Chilischoten und Knoblauchzehen zerkleinern und im restlichen Öl andünsten. (Falls getrocknete Chilischoten verwendet werden, diese in einem Mullsäckchen erst in Schritt 4 dazu geben und vor dem Servieren wieder entfernen.)
4. Die Brühe, geschälte Tomaten und gewürfelte Kartoffeln dazugeben und ca. 15 Minuten kochen.
5. Die Bohnen abtropfen lassen, abspülen und zugeben. Ebenso den Mais.
6. Hackfleisch, Bohnen, Tomatenpüree und das Gemüse mischen, nochmals mit Gewürzen abschmecken und nochmals ca. 30 Minuten bei milder Hitze köcheln lassen.
7. Das Baguette in Scheiben schneiden und dazu reichen.

Hinweis

Kann gut vorgekocht werden. Schmeckt nach dem Aufwärmen nochmal so gut!

Chinapfanne mit Reis

Mahlzeit:	**komplette Gerichte**
Vegetarisch:	**nein**
Vegetarisch leicht möglich:	**ja**
Schwierigkeitsgrad:	******

Zutaten für 10 Personen

2	Karotten
1/4	Brokkoli
1	rote Paprika
100 g	Bambussprossen in Scheiben
1/2 Glas	Sojabohnenkeime á 160 g
1/2 Stange	Lauch
100 g	Cashewkerne
40 ml	helle Sojasoße
500 g	Putenfleisch in Streifen
160 ml	klare Brühe
500 g	Reis

Zutaten für 60 Personen

1 kg	Karotten
2	Brokkoli
6	rote Paprika
1 Dose	Bambussprossen in Scheiben, etwa 500 g
3 Gläser	Sojabohnenkeime á 160 g
3 Stangen	Lauch
500 g	Cashewkerne
250 ml	helle Sojasoße
3 kg	Putenfleisch in Streifen
1 l	klare Brühe
3 kg	Reis

Zubereitung

1. Putenfleisch in dünne Streifen schneiden.
2. Karotten schälen und in Stifte schneiden.
3. Brokkoli waschen und in kleine Röschen schneiden.
4. Wasser für Reis etwa 1 Stunde vor dem Servieren aufsetzen. Reis nach Anleitung kochen.
5. Paprika waschen, Strunk herausschneiden und in Streifen schneiden.
6. Lauch waschen und in dünne Ringe schneiden.
7. Bambussprossen und Sojabohnenkeime abtropfen lassen und waschen.
8. Öl in einer Pfanne erhitzen und die Putenstreifen etwa 4 Minuten von allen Seiten anbraten, dann aus der Pfanne nehmen.
9. Karotten, Brokkoli, rote Paprika, Bambussprossen und Sojabohnenkeime in das Bratfett geben und ebenfalls kurz anbraten, die Brühe zufügen und etwa 5 Minuten bei schwacher Hitze dünsten.
10. Fleisch zum Gemüse geben und mit Sojasoße pikant abschmecken.
11. Cashewkerne unterheben.

Variante

Statt Reis kann auch gut Baguette dazu serviert werden.

Komplette Gerichte

Fischstäbchen mit Kartoffelbrei

Mahlzeit:	**Hauptgericht**
Vegetarisch:	**ja**
Vegetarisch leicht möglich:	-
Schwierigkeitsgrad:	*

Zutaten für 10 Personen

40	Fischstäbchen
1 kg	Erbsen-Karotten-Gemüse
10 Port.	Kartoffelpüreepulver (Milch, Wasser und Salz nach Herstellerangabe, deshalb Circa-Angaben)
2 l	Milch
4 TL	Salz
	Öl zum Anbraten
	Butter
	Gemüsebrühe

Zutaten für 60 Personen

240	Fischstäbchen
6 kg	Erbsen-Karotten-Gemüse
60 Port.	Kartoffelpüreepulver (Milch, Wasser und Salz nach Herstellerangabe, deshalb Circa-Angaben)
12 l	Milch
150 g	Salz
	Öl zum Anbraten
	Butter
	Gemüsebrühe

Zubereitung

1. Backbleche mit Backpapier auslegen und die Fischstäbchen darauf verteilen. Bei 180 °C (Packungsangabe beachten) für 20 Minuten in den Backofen schieben.
ODER: Fischstäbchen mit Öl in der Pfanne anbraten und im Backofen warm halten.
2. In einem Topf Wasser für den Kartoffelbrei zum Kochen bringen.
3. Erbsen-Karotten-Gemüse in einen Topf füllen und erhitzen. Mit Gemüsebrühe abschmecken und etwas Butter dazugeben.
4. Schüssel für den Kartoffelbrei vorbereiten, jeweils schon Salz und Milch für einen Beutel Kartoffelbrei einfüllen. Erst direkt vor dem Servieren das heiße Wasser dazugeben und den Beutelinhalt mit einem Schneebesen einrühren und eine Butterflocke darauflegen. 1 Minute quellen lassen, noch einmal durchrühren und gleich servieren.

Hinweis

Wer keinen Kartoffelbrei aus der Packung mag und frisches Gemüse bevorzugt kann beides natürlich auch frisch zubereiten. Mengenangaben und Zubereitung finden sich beim Rezept „Fleischküchle mit Kartoffelbrei und Gemüse" auf Seite 86.

Fleischküchle mit Kartoffelbrei und Karottengemüse

Mahlzeit:	**Hauptgericht**
Vegetarisch:	**nein**
Vegetarisch leicht möglich:	**ja**
Schwierigkeitsgrad:	**★★★**

Zutaten für 10 Personen

- 1,5 kg frische Karotten
- 2,5 kg Kartoffeln (mehlige)
- 150 g Butter oder Margarine
- 750 ml Milch (evtl. auch mehr)
- Muskatnuss (gerieben)
- Salz

Zutaten für 60 Personen

- 9 kg frische Karotten
- 15 kg Kartoffel (mehlige)
- 900 g Butter oder Margarine
- 4,5 l Milch (evtl. auch mehr)
- Muskatnuss (gerieben)
- Salz

Fleischküchle siehe extra Rezept Seite 138!

Zubereitung

1. Die Karotten schälen und in Scheiben schneiden.
2. Die Kartoffel schälen, waschen und in Würfel schneiden.
3. Für Kartoffeln und Karotten jeweils einen Topf mit Wasser aufsetzen.
4. Die Kartoffelwürfel in Salzwasser sehr weich kochen und dann abgießen.
5. Die Karotten in leicht salzigem Wasser bissfest garen.
6. Die Kartoffelwürfel noch heiß mit der flotten Lotte pürieren oder mit dem Kartoffelstamper fein zerdrücken.
7. Butter in Flocken dazu geben und vorsichtig unterrühren. (Achtung: Wenn man zu wild rührt wird das Püree zäh).
8. Nach und nach die Milch zum Püree geben (je nach Kartoffelsorte kann das unterschiedlich viel sein) und vorsichtig unterrühren.
9. Mit Salz und Muskat abschmecken.
10. Die Karotten abgießen, mit Gemüsebrühe abschmecken und einige Butterflocken dazu geben.

Hinweis

Macht man für 60 Personen Fleischküchle, Kartoffelbrei und Karottengemüse frisch, ist das ganz schön viel Arbeit. Alternativ kann man deshalb auch auf Karottengemüse aus der Dose oder Kartoffelpüreepulver ausweichen. Siehe Rezept „Fischstäbchen mit Kartoffelbrei" Seite 84.

Gaisburger Marsch

Mahlzeit:	**Hauptgericht**
Vegetarisch:	**nein**
Vegetarisch leicht möglich:	**ja**
Schwierigkeitsgrad:	✱

Zutaten für 10 Personen

1 kg	Kartoffeln
680 g	Spätzle
1 Pck.	Fleischbrühe (für 5 Liter Wasser)
350 g	Fleischkäse in Scheiben
1/2 Bund	Petersilie

Zutaten für 60 Personen

6 kg	Kartoffeln
4 kg	Spätzle
1 Pck.	Fleischbrühe (für 30 Liter Wasser)
2 kg	Fleischkäse in Scheiben
3 Bund	Petersilie

Zubereitung

1. Topf mit 5 bzw. 30 Liter Wasser aufsetzen und das Fleischbrühpulver dazu geben.
2. Kartoffeln schälen und in ca. 1x1 cm große Würfel schneiden.
3. Petersilie waschen, trocken tupfen, von den Stielen entfernen und kleinhacken.
4. Spätzle in das kochende Wasser geben.
5. Fleischkäse in Würfel schneiden und in einer Pfanne anbraten.
6. 5 Minuten vor Ende der Garzeit der Spätzle die Kartoffeln mit in den Topf geben.
7. Den Eintopf in Schüsseln verteilen, Fleischkäsewürfel darauf geben und Petersilie darüber streuen.

Gefüllte Laugenwecken mit Salat

Mahlzeit:	**Hauptgericht**
Vegetarisch:	**nein**
Vegetarisch leicht möglich:	**ja**
Schwierigkeitsgrad:	✶

Zutaten für 10 Personen

200 g	Butter
400 g	Kräuterfrischkäse
200 g	geräucherter Speck in kleinen Würfeln
1	große Zwiebel
1 Bund	Schnittlauch
	Salz, Pfeffer, Knoblauchpulver
15	Laugenbrötchen
1	Kopfsalat

Zutaten für 60 Personen

1,2 kg	Butter
2,4 kg	Kräuterfrischkäse
1,2 kg	geräucherter Speck in kleinen Würfeln
6	große Zwiebeln
6 Bund	Schnittlauch
	Salz, Pfeffer, Knoblauchpulver
90	Laugenbrötchen
6	Kopfsalat

Zubereitung

1. Schnittlauch waschen und klein schneiden.
2. Zwiebeln schälen und klein schneiden.
3. Butter in einem Topf schmelzen.
4. Kräuterfrischkäse, Speck, Zwiebeln und Schnittlauch zur flüssigen (nur noch leicht warmen) Butter geben und zu einer Masse verrühren.
5. Mit Salz, Pfeffer und Knoblauchpulver würzen und im Kühlschrank kalt stellen.
6. Salat in mundgerechte Stücke teilen und waschen.
7. Salatsoße zubereiten.
8. Den Backofen auf 150 °C vorheizen.
9. Die Laugenwecken halbieren, mit der Masse bestreichen und im Backofen 5 bis 8 Minuten überbacken.

Hinweis

Salatsoße siehe extra Rezept Seite 74 ff.

Gefüllte Partybrötchen mit Salat

Mahlzeit:	**Hauptgericht**
Vegetarisch:	**nein**
Vegetarisch leicht möglich:	**nein**
Schwierigkeitsgrad:	*****

Zutaten für 10 Personen

150 g	durchwachsener Speck
2	Zwiebeln
1 Bund	Petersilie
15	Brötchen
800 g	gemischtes Hackfleisch
	Salz, Pfeffer und Paprikapulver
3	große Tomaten
250 g	Gouda
1	Kopf grüner Salat

Zutaten für 60 Personen

900 g	durchwachsener Speck
12	Zwiebeln
6 Bund	Petersilie
90	Brötchen
5 kg	gemischtes Hackfleisch
	Salz, Pfeffer und Paprikapulver
18	große Tomaten
1,5 kg	Gouda
6	Köpfe grüner Salat

Zubereitung

1. Den Speck in kleine Würfel schneiden.
2. Zwiebeln schälen und fein schneiden.
3. Petersilie waschen und fein schneiden.
4. Tomaten und Käse in kleine Würfel schneiden.
5. Speck, Zwiebeln, Petersilie, Hackfleisch, Tomaten und Käse gut vermischen.
6. Die Masse mit Salz, Pfeffer und Paprikapulver würzen.
7. Brötchen aufschneiden und die Hälften mit der Masse bestreichen.
8. Im vorgeheizten Backofen bei 180 °C ca. 20 Minuten backen.
9. Salat in mundgerechte Stücke teilen und waschen.
10. Salatsoße zubereiten.

Hinweis

Salatsoße siehe extra Rezept Seite 74 ff.

Geschnetzeltes in Rahmsoße mit Reis

Mahlzeit:	**komplette Gerichte**
Vegetarisch:	**nein**
Vegetarisch leicht möglich:	-
Schwierigkeitsgrad:	*

Zutaten für 10 Personen

1 kg	Reis
1,5 kg	Putenfleisch
3	Zwiebeln
	Pfeffer, Salz, Paprika

Rahmsoße (bei 1,5 kg Fleisch):

75 g	Butter
5 EL	Mehl
400 ml	Gemüsebrühe
150 ml	Weißwein
3/4 Liter	süße Sahne
3 TL	Salz
20 ganze Pfefferkörner	

Zutaten für 60 Personen

5 kg	Reis
9 kg	Putenfleisch
1 kg	Zwiebeln
	Pfeffer, Salz, Paprika
1 Dose	Rahmsoßenpulver (für 6,5 Liter)

Zubereitung

1. Putenfleisch (wenn nicht schon geschnitten gekauft) in Streifen schneiden, dabei Sehnen und Fett entfernen.
2. Zwiebeln schälen und in kleine Würfel schneiden.
3. Einen großen Topf mit Salzwasser für den Reis aufsetzen.
4. Fleisch mit Salz, Pfeffer und Paprika würzen, zusammen mit den Zwiebeln in einer Pfanne scharf anbraten und beiseite stellen.
5. Rahmsoße nach Packungsanleitung in einem großen Topf zubereiten und das Fleisch zusammen mit dem Bratsaft dazu geben.
6. Alles noch eine halbe Stunde auf niedriger Stufe köcheln lassen.
7. Reis ins kochende Wasser geben. Garzeit auf Packung beachten, gelegentlich umrühren und Garzustand testen.
8. Fertigen Reis abschütten und in Schüssel verteilen. Je nach Geschmack noch mit etwas Butter verfeinern.

Rahmsoße:
1. Butter in einem Topf zum Schmelzen bringen.
2. Mit einem Schneebesen das Mehl einrühren und unter ständigem Rühren etwa 1 Minute kochen lassen.
3. Mit der Gemüsebrühe ablöschen und den Weißwein und die Sahne dazugeben.
4. 20 Minuten köcheln lassen, dann das angebratene Fleisch mit dem Bratsaft dazu geben und weitere 30 Minuten köcheln lassen. Sollte die Soße zu dick sein, etwas Wasser oder Gemüsebrühe dazu geben.

Gnocchi Carbonara

Mahlzeit:	**Hauptgericht**
Vegetarisch:	**nein**
Vegetarisch leicht möglich:	**ja**
Schwierigkeitsgrad:	✶

Zutaten für 10 Personen

1,8 kg	Gnocchi aus dem Kühlregal
0,5 l	Sahne
150 g	Parmesan
250 g	Bacon oder Speck
5	Eigelb
	Öl zum Anbraten
	Salz und Pfeffer
1/2 Bund	Petersilie
2–3	Knoblauchzehen

Zutaten für 60 Personen

10 kg	Gnocchi aus dem Kühlregal
3 l	Sahne
900 g	Parmesan
1,5 kg	Bacon oder Speck
30	Eigelb
	Öl zum Anbraten
	Salz und Pfeffer
3 Bund	Petersilie
12–15	Knoblauchzehen

Zubereitung

1. Petersilie waschen und klein hacken.
2. Parmesan fein reiben.
3. Bacon in Streifen schneiden.
4. Knoblauch fein hacken.
5. Bacon und Knoblauch in der Pfanne mit Öl kurz braten, dann herausnehmen und beiseite stellen.
6. Die Gnocchi in der Pfanne mit etwas Öl ca. 5 Minuten braten.
7. Sahne, Eigelb, Petersilie, ausgelassenen Speck und Parmesan miteinander verquirlen und mit Salz und Pfeffer würzen.
8. Die Pfanne vom Herd ziehen, das Gemisch unterheben und kurz ziehen lassen.

Hinweise

1. Statt vorgekochter Gnocchi aus dem Kühlregal können auch „normale" Gnocchi verwendet werden. Diese vor dem Anbraten in der Pfanne nach Garanweisung im Wasser kochen. Dann nur ca. 2/3 der Menge rechnen, da die Gnocchi in ungekochten Zustand leichter sind.
2. Dazu passt grüner Salat.

Gnocchi-Spinat-Auflauf

Mahlzeit: **Hauptgericht**
Vegetarisch: **nein**
Vegetarisch leicht möglich: **ja**
Schwierigkeitsgrad: *

Zutaten für 10 Personen

- 1,35 kg Gnocchi aus dem Kühlregal
- 1,35 kg Rahmspinat (tiefgekühlt)
- 2 Zwiebeln
- 500 g Champignons
- 400 g Schinken
- 250 g geriebener Käse
- Salz und Pfeffer
- Muskat

Zutaten für 60 Personen

- 8 kg Gnocchi aus dem Kühlregal
- 8 kg Rahmspinat (s. o.)
- 12 Zwiebeln
- 3 kg Champignons
- 2,5 kg Schinken
- 1,5 kg geriebener Käse
- Salz und Pfeffer
- Muskat

Zubereitung

1. Die Zwiebeln schälen, würfeln und in einem Topf kurz anbraten.
2. Den Rahmspinat hinzufügen und auftauen lassen.
3. Das Ganze nach eigenem Geschmack würzen.
4. Die Champignons putzen und in Scheiben schneiden.
5. Die Gnocchi in einer großen oder mehreren kleinen Auflaufformen verteilen.
6. Zuerst Champignons, dann Schinkenwürfel über den Gnocchi verteilen.
7. Spinat darauf geben und zum Schluss mit geriebenem Käse bestreuen.
8. Ist alles fertig geschichtet, für ca. 30 Minuten bei 180 °C in den Backofen schieben.

Hinweis

Statt Gnocchi aus dem Kühlregal können auch „normale" Gnocchi verwendet werden. Diese vorher nach Anleitung auf der Packung in Wasser garen. (Für 10 Personen 1,2 kg und für 60 Personen 7,6 kg.)

Komplette Gerichte

Grillen am Lagerfeuer

Mahlzeit:	**Hauptgericht**
Vegetarisch:	**nein**
Vegetarisch leicht möglich:	**ja**
Schwierigkeitsgrad:	✶

Zutaten für 10 Personen

10–15	Brötchen
8	Rote Würste
7	Thüringer Würste
	Grillkäse für Vegetarier
1	Salatgurke
2	Tomaten
3	Karotten
	Senf
	Ketchup

dazu macht man noch:
- Kartoffelsalat aus 1 kg Kartoffeln
- Salat aus 1 Kopf Eisbergsalat
- 1/2 Tortellini- oder Gnocchi-salatrezept (5 Personen)

Zutaten für 60 Personen

90–100	Brötchen
45	Rote Würste
45	Thüringer Würste
	Grillkäse für Vegetarier
5	Salatgurken
10	Tomaten
15	Karotten
	Senf
	Ketchup

dazu macht man noch:
- Kartoffelsalat aus 5 kg Kartoffeln
- Salat aus 3 Kopf Eisbergsalat
- Tortellini- oder Gnocchisalat für 20 Personen

Zubereitung

1. Als erstes die Salate zubereiten (Kartoffeln, Tortellini und Gnocchi frühzeitig abkochen!) damit diese noch gut durchziehen können.
2. Salatgurken schälen und in Scheiben schneiden.
3. Tomaten waschen und in Viertel schneiden.
4. Karotten schälen und in kleine 3–4 cm lange Stücke schneiden.
5. Würste einschneiden.
6. Brötchen aufschneiden.

Hinweis

Etwa eine Stunde vorher mit dem Feuer machen beginnen. Bei 90 Würsten braucht man eine gute Glut!

Komplette Gerichte

Gyrosauflauf

Mahlzeit:	**Hauptgericht**
Vegetarisch:	**nein**
Vegetarisch leicht möglich:	**nein**
Schwierigkeitsgrad:	**★★**

Zutaten für 10 Personen

1,25 kg	Geschnetzeltes Gyrosart
2,5 kg	Kartoffeln
3	gelbe Paprika
2	rote Paprika
400 g	Zwiebeln
350 ml	Sahne
2	Dosen mit Tomaten in Stücken á 400 g
400 g	Feta-Käse
	Salz und Pfeffer
	Paprikapulver
20 g	Mehl
	Öl zum Anbraten

Zutaten für 60 Personen

7 kg	Geschnetzeltes Gyrosart
14 kg	Kartoffeln
15	gelbe Paprika
15	rote Paprika
2 kg	Zwiebeln
2 l	Sahne
12	Dosen Tomaten in Stücken á 400 g
2 kg	Fetakäse
	Salz und Pfeffer
	Paprikapulver
120 g	Mehl
	Öl zum Anbraten

Zubereitung

1. Salzwasser für Kartoffeln in einem Topf zum Kochen bringen.
2. Kartoffeln waschen, schälen und in Scheiben schneiden, ca. 15 Minuten lang in Salzwasser gar kochen.
3. Das Gyros in einer Pfanne gut anbraten.
4. Paprika putzen, waschen und in Würfel schneiden.
5. Zwiebeln schälen und in feine Würfel schneiden.
6. Paprika und Zwiebeln zum Fleisch geben und mit anbraten.
7. Tomaten mit Saft zum Fleisch geben und die Sahne angießen.
8. Das Mehl mit etwas kaltem Wasser anrühren, dazugeben und kurz aufkochen lassen.
9. Die Kartoffeln aus dem Wasser nehmen und direkt in eine passende Auflaufform geben, leicht salzen und pfeffern. Evtl. mehrere kleine Auflaufformen nehmen oder doppelt einschichten.
10. Das Fleisch in der Pfanne ggf. noch etwas würzen (oft ist das Gyrosfleisch schon sehr gut gewürzt) und dann über die Kartoffeln geben.
11. Den Feta-Käse darüber bröseln.
12. Den Auflauf bei 200 °C ca. 20 Minuten lang backen.

Gyrospfanne mit Reis und Tsatsiki

Mahlzeit: **Hauptgericht**
Vegetarisch: **nein**
Vegetarisch leicht möglich: **nein**
Schwierigkeitsgrad: ******

Zutaten für 10 Personen

80 ml	Öl
1,5 kg	Gyros-Geschnetzeltes
65 ml	Fleischbrühe
300 ml	süße Sahne
2 EL	Speisestärke
750 g	Reis
2 EL	Salz

Zutaten für 60 Personen

500 ml	Öl
9 kg	Gyros-Geschnetzeltes
400 ml	Fleischbrühe
1,8 l	süße Sahne
140 g	Speisestärke
4,5 kg	Reis
230 g	Salz

Tsatsiki siehe Rezept Seite 236

Zubereitung

1. Wasser für den Reis aufstellen, Salz dazugeben.
2. Wenn das Wasser kocht, den Reis dazugeben.
3. Reis ca. 25–30 Minuten garen, gelegentlich umrühren und probieren ob er weich genug ist.
4. Öl in der Pfanne erhitzen, Fleisch schnell durchbraten und mit der Fleischbrühe ablöschen. (Je nach Pfannengröße mehrere Portionen anbraten).
5. Die Sahne dazugeben und aufkochen.
6. Falls die Soße zu dünn ist, die Speisestärke in etwas kaltem Wasser anrühren und dazugeben. Damit die Speisestärke die Soße abbindet muss alles noch einige Minuten aufkochen.

Hamburger

Mahlzeit:	**Hauptgericht**
Vegetarisch:	**nein**
Vegetarisch leicht möglich:	**ja**
Schwierigkeitsgrad:	******

Zutaten für 10 Personen

17	Brötchen
150 g	saure Gurken
2	Tomaten
1/2 Kopf	Eisbergsalat
1,5	Zwiebeln
	Ketchup
	Senf
1 kg	Hackfleisch
350 g	feines Brät
80 g	Magerquark
3	Eier
8 Scheiben	Toastbrot
6	Zwiebeln
1/2 Bund	Petersilie
330 g	Semmelbrösel
	Salz, Pfeffer, Muskat

Zutaten für 60 Personen

100	Brötchen
850 g	saure Gurken
10	Tomaten
2 Kopf	Eisbergsalat
10	Zwiebeln
2 Fl.	Ketchup
1 Tube	Senf
6 kg	Hackfleisch
2 kg	feines Brät
500 g	Magerquark
20	Eier
2 Pack	Toastbrot
6	Zwiebeln
4 Bund	Petersilie
2 kg	Semmelbrösel
	Salz, Pfeffer, Muskat

Zubereitung

1. Fleischteig für die Fleischküchle zubereiten (siehe Rezept Seite 138) und diese in der Pfanne ausbacken.
2. Saure Gurken der Länge nach in dünne Scheiben schneiden.
3. Tomaten waschen, Strunk entfernen, in dünne Scheiben schneiden.
4. Eisbergsalat in handtellergroße Stücke teilen, waschen und abtropfen lassen.
5. Zwiebeln schälen und in dünne Ringe schneiden.
6. Brötchen aufschneiden.
7. Alle diese Zutaten sowie die Fleischküchle jeweils in eine Schüssel geben und zusammen mit Ketchup, Senf und aufgeschnittenen Brötchen als Buffet aufbauen.

Kaiserschmarrn

Mahlzeit:	**Hauptgericht**
Vegetarisch:	**ja**
Vegetarisch leicht möglich:	**-**
Schwierigkeitsgrad:	******

Zutaten für 10 Personen

800 g	Mehl
100 g	Zucker
3 Pck.	Vanillezucker
15	Eier
1,25 l	Milch
160 g	Rosinen
125 g	Butter
2 Prisen	Salz
	Butterschmalz zum Ausbacken
2 kg	Apfelmus
	Puderzucker

Zutaten für 60 Personen

5 kg	Mehl
600 g	Zucker
18 Pck.	Vanillezucker
90	Eier
7,5 l	Milch
1 kg	Rosinen
750 g	Butter
12 Prisen	Salz
	Butterschmalz zum Ausbacken
12,5 kg	Apfelmus
2 Pck.	Puderzucker

Zubereitung

1. Den Teig für 60 Personen am besten in Teilmengen zubereiten, er lässt sich sonst nur schwer rühren und es entstehen viel leichter Klümpchen.
2. Eier trennen und das Eiweiß zu Eischnee schlagen.
3. Milch, Eigelb und Mehl zu einem glatten Teig verrühren.
4. Zucker, Vanillezucker und Salz unterrühren.
5. Butter schmelzen, leicht abkühlen lassen und unter den Teig rühren.
6. Zum Schluss vorsichtig den Eischnee unterheben.
7. Den Teig in mehreren Portionen in einer großen Pfanne ausbacken und bei ca. der Hälfte der Portionen Rosinen auf den noch weichen Teig in der Pfanne streuen.
8. Die fertigen Portionen zum Warmhalten in den Backofen oder in eine Warmhaltebox geben.
9. Apfelmus in Schüsseln verteilen.

Hinweis

Eischnee in so großen Mengen zu schlagen ist sehr aufwändig (vor allem wenn man kein Rührgerät hat und alles von Hand machen muss). Eine Alternative ist, das komplette Ei mit Milch und Mehl zu einem glatten Teig zu verrühren. Der Teig wird dann nicht so luftig locker, schmecken tut's aber auch!

Kartoffel-Hackfleisch-Brokkoli-Gratin

Mahlzeit:	**Hauptgericht**
Vegetarisch:	**nein**
Vegetarisch leicht möglich:	**nein**
Schwierigkeitsgrad:	**

Zutaten für 10 Personen

2 kg	Kartoffeln
630 ml	Milch
2,5 kg	Brokkoli
250 g	Emmentaler
1 kg	Hackfleisch
50 g	Butter
5 EL	Öl
5 EL	Speisestärke
5 EL	Sahne
1/2	Knoblauchzehe
	Salz, Pfeffer
	Gemüsebrühe

Zutaten für 60 Personen

12 kg	Kartoffeln
3,8 l	Milch
15 kg	Brokkoli
1,5 kg	Emmentaler
6 kg	Hackfleisch
300 g	Butter
300 ml	Öl
360 g	Speisestärke
300 ml	Sahne
3	Knoblauchzehen
	Salz, Pfeffer
	Gemüsebrühe

Komplette Gerichte

Zubereitung

1. Kartoffeln kochen und mit kaltem Wasser abschrecken.
2. Brokkoli waschen und in kleine Röschen schneiden.
3. Die Röschen in kochendem Wasser bissfest garen.
4. Knoblauchzehen aufschneiden und Auflaufformen damit einreiben.
5. Auflaufformen mit Olivenöl ausfetten.
6. Die etwas ausgekühlten Kartoffeln schälen, dickere Scheiben schneiden, in die Form schichten und mit Salz und Pfeffer würzen.
7. Kleine Stückchen des noch rohen Hackfleischs gleichmäßig über die eingeschichteten Kartoffeln verteilen und ebenfalls würzen.
8. Brokkoli über das Hackfleisch verteilen.
9. Milch in einen Topf geben und erwärmen.
10. Die Speisestärke zur Sahne geben und in kalten Zustand miteinander verrühren, dann zum Binden der Milch in den Topf geben.
11. Die Milch-Sahne-Soße aufkochen lassen bis sie eindickt, dann mit Salz, Pfeffer und Gemüsebrühe würzen und über den Brokkoli gießen.
12. Zum Abschluss den Käse reiben und über dem Gratin verstreuen, die Butter in Flöckchen darauf setzen.
13. Das Gratin im Backofen bei 220 °C ca. 20 Minuten auf mittlerer Schiene backen.

Käsespätzle mit Salat

Mahlzeit:	**Hauptgericht**
Vegetarisch:	**ja**
Vegetarisch leicht möglich:	-
Schwierigkeitsgrad:	*

Zutaten für 10 Personen

1,3 kg	Spätzle
650 g	geriebener Käse
500 g	Zwiebeln
	Salz, Pfeffer, Paprika
2 Köpfe	grüner Salat

Zutaten für 60 Personen

7 kg	Spätzle
4 kg	geriebener Käse
3 kg	Zwiebeln
	Salz, Pfeffer, Paprika
8 Köpfe	grüner Salat

Zubereitung

1. Die Spätzle in Salzwasser nach Packungsanweisung kochen.
2. Zwiebeln schälen und in Ringe schneiden.
3. Salat putzen und Salatsoße (siehe Rezept Seite 74 ff.) zubereiten.
4. Auflaufform fetten und bereitstellen.
5. Die Zwiebeln in Butter bei mittlerer Hitze goldbraun braten.
6. Die fertig gekochten Spätzle abgießen und in mehreren Lagen in die Auflaufformen schichten. Jede Lage mit Pfeffer würzen und mit Käse bestreuen, die letzte Schicht ist Käse.
7. Die Auflaufformen für 10–15 Minuten bei 100 °C in den Ofen schieben.

Hinweis

Käsespätzle können sehr gut in der Gasgrill-Pfanne gemacht werden. Auf kleiner Flamme Spätzle und Käse aufschichten und würzen.

Lasagne mit Spinat und Pilzen

Mahlzeit:	**Hauptgericht**
Vegetarisch:	**ja**
Vegetarisch leicht möglich:	**-**
Schwierigkeitsgrad:	******

Zutaten für 10 Personen

700 g	Lasagneblätter
1,5 kg	Blattspinat
	Salz und Pfeffer
1 kg	Champignons
4 EL	Olivenöl
1	unbehandelte Zitrone
4	Knoblauchzehen
60 g	Butter
50 g	Mehl
1,25 l	Milch
500 g	Gorgonzola
150 g	Parmesan

Zutaten für 60 Personen

3,8 kg	Lasagneblätter
8,25 kg	Blattspinat
	Salz und Pfeffer
5,5 kg	Champignons
220 ml	Olivenöl
5	unbehandelte Zitronen
2	Knoblauchzehen
330 g	Butter
260 g	Mehl
6,8 l	Milch
2,75 kg	Gorgonzola
825 g	Parmesan

Zubereitung

1. Vom Spinat die Stiele entfernen, die Blätter putzen und in kochendem Salzwasser zusammenfallen lassen. Abschrecken, gut abtropfen lassen und dann hacken.
2. Die Pilze putzen, in dünne Scheiben schneiden und 3–4 Minuten bei starker Hitze in Öl braten. Salzen und abkühlen lassen.
3. Zitrone waschen, die Schale dünn abschälen und fein hacken.
4. Den Knoblauch schälen und fein hacken.
5. Pilze, Spinat, Zitronenschale und Knoblauch mischen.
6. Butter zerlassen, das Mehl einrühren und goldgelb anschwitzen. Die Milch mit dem Schneebesen unterschlagen und die Soße bei schwacher Hitze 5–10 Minuten köcheln lassen.
7. Den Gorgonzola würfeln, mit dem Parmesan unter die Soße rühren, mit Salz und Pfeffer abschmecken.
8. Den Backofen auf 180 °C vorheizen.
9. Eine Auflaufform mit etwas Soße ausgießen. Nudelplatten, Pilze, Spinat und die Soße lagenweise einschichten. Zum Schluss die restliche Soße darüber gießen. (Eventuell mehrere kleine Auflaufformen nehmen).
10. Lasagne im Ofen etwa 40 Minuten backen, bis die Nudelplatten weich sind und die Oberfläche gebräunt ist.

Linsen mit Spätzle und Saiten

Mahlzeit:	**Hauptgericht**
Vegetarisch:	**nein**
Vegetarisch leicht möglich:	**ja**
Schwierigkeitsgrad:	******

Zutaten für 10 Personen

600 g	getrocknete Linsen
2	Zwiebeln
3 EL	Tomatenmark
3	Lorbeerblätter
5 EL	Butter
5 EL	Mehl
	Wasser
	Fleischbrühwürfel oder Pulver
	Salz und Pfeffer
5 EL	Essig
10 Paar	Saiten
750 g	Spätzle

Zutaten für 60 Personen

3,5 kg	getrocknete Linsen
15	Zwiebeln
240 g	Tomatenmark
15	Lorbeerblätter
450 g	Butter
360 g	Mehl
	Wasser
	Fleischbrühwürfel oder Pulver
	Salz und Pfeffer
300 ml	Essig
60 Paar	Saiten
4,5 kg	Spätzle

Hinweis

Manche mögen die Linsen sehr sauer. Deshalb noch etwas Essig auf die Tische stellen, dann kann jeder selbst nachwürzen.

Zubereitung

1. Die Linsen waschen und über Nacht in einem großen Topf mit kaltem, ungesalzenem Waser einweichen. Am nächsten Tag in einem Sieb abgießen, das Einweichwasser wegschütten (Tellerlinsen müssen vor dem Kochen nicht eingeweicht werden).
2. Die Zwiebeln schälen, in kleine Würfel schneiden und in etwas Fett goldgelb anbraten.
3. Die abgetropften Linsen dazugeben, einmal durchrühren und mit ungesalzenem Wasser (etwa 3 Finger hoch über den Linsen) auffüllen.
4. Das Tomatenmark und die Lorbeerblätter mit in den Topf geben, zum Kochen bringen und in etwa 30–40 Minuten weich kochen.
5. Die Linsen möglichst nicht umrühren, bei Bedarf Wasser nachfüllen.
6. Spätzleswasser aufsetzen und zum Kochen bringen.
7. Topf mit Wasser für Würstchen aufsetzen.
   Würstchen ca. 15 Minuten in nicht kochendem Wasser erwärmen.
8. Garzeit der Spätzle beachten und rechtzeitig vor dem Essen in das kochende Wasser geben.
9. In einem weiteren Topf aus Butter und Mehl eine dunkle Mehlschwitze zubereiten, mit dem restlichen Linsenkochwasser, Wasser oder Fleischbrühe ablöschen, mit Salz und Pfeffer nach eigenem Geschmack würzen und die gar gekochten Linsen dazugeben. Vorsichtig alles miteinander vermischen.
10. Zum Schluss das Linsengemüse mit Essig abschmecken.

Lunch-Pakete

Komplette Gerichte

Mahlzeit:	**Vesper**
Vegetarisch:	**nein**
Vegetarisch leicht möglich:	**ja**
Schwierigkeitsgrad:	*****

Zutaten für 10 Personen

10	Karotten
2	Gurken
10 Paar	Landjäger
250 g	Gouda
1,7 kg	Brot
1/3 Pck	Butter
10	Äpfel
10	Müsliriegel
10	Vesperbeutel
13 l	Tee

Zutaten für 60 Personen

1 Kiste	Karotten
1 Kiste	Gurken
60 Paar	Landjäger
1–2 Stück	Gouda
10	Brote á 1 kg
2 Pck.	Butter
60	Äpfel
60	Müsli-Riegel
60	Vesperbeutel
80 Liter	Tee

ODER
statt Landjäger und Goudakäse:
1,5 kg Käseaufschnitt
500 g Salami geschnitten
500 g Schinken geschnitten
500 g Fleischkäse geschnitten

Zubereitung

1. Wasser für Tee aufstellen, wenn es kocht Beutel hineinhängen, leicht zuckern. Stehen lassen, damit er etwas abkühlen kann.
2. Brot in Scheiben schneiden.
3. Karotten schälen und halbieren.
4. Gurken schälen und in größere Stücke schneiden.
5. Goudakäse in größere Stücke schneiden.
6. Alle Zutaten als Buffet aufbauen, so dass sich jeder ein Lunchpaket zusammenstellen kann.

ÄPFEL

Äpfel gibt es schon seit Ewigkeiten. Im Jahre 149 vor Christus, als Cato Rom regierte, kannte man sieben verschiedene Apfelsorten. Jahrhunderte später, 1682, wurden immer noch lediglich sieben Apfelsorten in den Gärten Ludwigs XIII. in Orleans angebaut. Heute wird geschätzt, dass es auf der Welt mehr als 30.000 Apfelsorten gibt, 2000 davon allein in Deutschland. In den vergangenen 50 Jahren haben Äpfel allerdings viel von ihrer Vielfalt eingebüßt. Lediglich 25 Sorten werden im Erwerbsobstbau kultiviert und nur sieben davon regelmäßig im Handel angeboten.

Maultaschen mit Kartoffelsalat

Mahlzeit	**komplette Gerichte**
Vegetarisch	**nein**
Vegetarisch leicht möglich:	**ja**
Schwierigkeitsgrad:	**✶✶**

Zutaten für 10 Personen

24	Maultaschen
1–2	Brühwürfel
1,5 kg	Salatkartoffeln
1 kleiner	Eisbergsalat

Zutaten für 60 Personen

140	Maultaschen
1 Pck.	Gemüsebrühe
9 kg	Salatkartoffeln
3–4	Eisbergsalate

Zubereitung

1. Kartoffeln kochen und etwas auskühlen lassen. Zubereitung Kartoffelsalat siehe extra Rezept Seite 62.
2. Wasser für die Maultaschen aufsetzen, mit Gemüsebrühe würzen.
3. Eisbergsalat zerkleinern und waschen, Salatdressing (siehe extra Rezept) herstellen.
4. Maultaschen in die kochende Gemüsebrühe geben und bei mittlerer Hitze ca. 15–20 Minuten ziehen lassen, bis sie oben schwimmen.

Hinweis

Weitere Zutaten für Kartoffelsalat (Seite 62) und Salatsoße für Eisbergsalat (Seite 76 und 78) siehe extra Rezepte.

Minestrone mit Hähnchenbrust

Mahlzeit:	**Hauptgericht**
Vegetarisch:	**nein**
Vegetarisch leicht möglich:	**ja**
Schwierigkeitsgrad:	**★★**

Zutaten für 10 Personen

5	Hähnchenbrüste
8 EL	Olivenöl
2,5 Bund	Frühlingszwiebeln
3	Knoblauchzehen
3	rote Paprika
5	Möhren
150 g	Sellerie
2	Lorbeerblätter
1,5 Bund	Petersilie
2,5 TL	Thymian
2,5 TL	Rosmarin
175 ml	trockener Weißwein
2,5 l	Fleisch- oder Gemüsebrühe
3 TL	Tomatenmark
375 g	kleine Suppennudeln
	frisch geriebener Parmesan
750 g	Baguette

Zutaten für 60 Personen

30	Hähnchenbrüste
450 ml	Olivenöl
15 Bund	Frühlingszwiebeln
18	Knoblauchzehen
15	rote Paprika
30	Möhren
900 g	Sellerie
12	Lorbeerblätter
9 Bund	Petersilie
15 TL	Thymian
15 TL	Rosmarin
1 l	trockener Weißwein
15 l	Fleisch- oder Gemüsebrühe
1 Tube	Tomatenmark
2,25 kg	kleine Suppennudeln
	frisch geriebener Parmesan
4–5 kg	Baguette

Zubereitung

1. Die Hähnchenbrüste waschen, trocken tupfen und würfeln.
2. Den Knoblauch schälen und fein hacken.
3. Das Gemüse waschen und putzen.
4. Paprika, Möhren und Sellerie in feine Streifen, die Frühlingszwiebeln schräg in dünne Ringe schneiden.
5. In einem großen Topf das Öl erhitzen und die Fleischwürfel rundum anbraten.
6. Das Gemüse und den Knoblauch zufügen und unter Rühren bei mittlerer Hitze 2–3 Minuten braten.
7. Das Tomatenmark unterrühren.
8. Mit dem Weißwein ablöschen und die Brühe angießen.
9. Lorbeer, Thymian und Rosmarin hinzugeben und alles etwa 10 Minuten köcheln lassen.
10. Die Nudeln in die Suppe geben und je nach Packungsangabe 5–8 Minuten ziehen lassen bis sie gar sind.
11. Mit Salz und Pfeffer abschmecken.
12. Die Suppe mit der frisch gehackten Petersilie bestreut servieren.
13. Den Parmesan extra dazu reichen.

Nudelauflauf

Mahlzeit:	**Hauptgericht**
Vegetarisch:	**nein**
Vegetarisch leicht möglich:	**ja**
Schwierigkeitsgrad:	******

Zutaten für 10 Personen

750 g	Maccheroni oder Spiralnudeln
2 EL	Öl
3 Pr.	Salz
600 g	gestiftelter Käse (z. B. Edamer)
600 g	gekochter Schinken
	Margarine zum Ausfetten der Auflaufform
600 ml	Sahne
12	Eier
6 EL	Mehl
1 Bund	Schnittlauch
	Pfeffer und Salz
6 Pr.	Muskat
6 EL	Semmelbrösel

Zutaten für 60 Personen

4,5 kg	Maccheroni oder Spiralnudeln
120 ml	Öl
5 g	Salz
3,5 kg	gestiftelter Käse (z. B. Edamer)
3,5 kg	gekochter Schinken
	Margarine zum Ausfetten der Auflaufformen
3,5 l	Sahne
72	Eier
430 g	Mehl
6 Bund	Schnittlauch
	Pfeffer und Salz
36 Pr.	Muskat
640 g	Semmelbrösel

Zubereitung

1. Die Nudeln in reichlich Wasser mit Öl und Salz bissfest kochen, dann mit kaltem Wasser abschrecken.
2. Den Backofen auf 220 °C vorheizen.
3. Den Schinken in kurze Streifen schneiden und unter die Nudeln heben.
4. Die Auflaufform ausfetten, die Nudeln-Schinken-Mischung einfüllen.
5. Schnittlauch waschen und in Röllchen schneiden.
6. Die Sahne mit Eiern und Mehl verquirlen, Schnittlauch und 2/3 des Käses unterrühren und mit Salz, Pfeffer und Muskat abschmecken.
7. Die Masse über die Nudeln gießen.
8. Den restlichen Käse über die Masse streuen und darüber die Semmelbrösel geben.
9. Das Ganze im Backofen auf mittlerer Schiene ca. 30 Minuten backen.

Hinweis

Als vegetarisches Gericht kann man den Schinken weglassen oder ihn durch dieselbe Menge Gemüse, wie z.B. Karotten oder Brokkoli, ersetzen.

Pizza

Mahlzeit:	**komplettes Gericht**
Vegetarisch:	**nein**
Vegetarisch leicht möglich:	**ja**
Schwierigkeitsgrad:	*****

Zutaten für 10 Personen

Für den Boden:
(Zubereitung siehe Hefeteig für gesalzenes Gebäck Seite 224)

1 kg	Mehl
1 Würfel	Hefe
500 ml	Milch
160 g	Butter oder Margarine
2 TL	Salz

Grundbelag:

4 Dosen	gehackte Tomaten, á 500 g Pizzagewürz
200 g	Salami in Scheiben oder
400 g	gekochter Schinken
500 g	geriebener Gouda
4	kleine Dosen Pilze

Zutaten für 60 Personen

Für den Boden:
(Zubereitung siehe Hefeteig für gesalzenes Gebäck Seite 224)

6 kg	Mehl
6 Würfel	Hefe
3 l	Milch
500 g	Butter oder Margarine
12 TL	Salz

Grundbelag:

24 Dosen	gehackte Tomaten, á 500 g Pizzagewürz
1,2 kg	Salami in Scheiben oder
1,6 kg	gekochter Schinken
3 kg	geriebener Gouda
20	kleine Dosen Pilze

Belag nach Wunsch z. B.:
Thunfisch und Zwiebeln, Schinken und Ananas, Pilze …

Zubereitung

1. Hefeteig nach Grundrezept herstellen und gehen lassen.
2. Hefeteig ausrollen und auf gefettete oder mit Backpapier belegte Bleche legen.
3. Backofen auf 200 °C vorheizen.
4. Die gewünschten Zutaten zerkleinern.
5. Mit den Tomaten bestreichen und die zerkleinerten Zutaten darauf verteilen; Gewürze und zuletzt den Käse darüber streuen.
6. Die Pizza im vorgeheizten Backofen ca. 25–30 Minuten backen.

Sahne-Tortellini

Mahlzeit:	**Hauptgericht**
Vegetarisch:	**nein**
Vegetarisch leicht möglich:	**ja**
Schwierigkeitsgrad:	***

Zutaten für 10 Personen

1 kg	Tortellini mit Fleisch oder Spinatfüllung
3 l	Gemüse- oder Fleischbrühe
400 g	gekochter Schinken
500 ml	Schmand
750 ml	Milch
1 TL	Salz
5 Prisen	Pfeffer
5 Prisen	Muskat
	ggf. etwas Wasser oder Brühe
1/2 Bund	Schnittlauch

Zutaten für 60 Personen

6 kg	Tortellini mit Fleisch oder Spinatfüllung
18 l	Gemüse- oder Fleischbrühe
2,4 kg	gekochter Schinken
3 l	Schmand
4,5 l	Milch
6 TL	Salz
1,5 TL	Pfeffer
1,5 TL	Muskat
	ggf. etwas Wasser oder Brühe
2 Bund	Schnittlauch

Zubereitung

1. Die Tortellini in der Brühe ca. 15 Minuten (Kochdauer auf der Packung beachten) kochen und abgießen.
2. Den gekochten Schinken in Streifen schneiden.
3. Schnittlauch waschen und in Röllchen schneiden.
4. Schmand und Milch in einen Topf geben, miteinander verrühren und aufkochen.
5. Die Gewürze und den Schinken dazugeben.
6. Tortellini unterheben.
7. In Schüsseln verteilen und mit Schnittlauchröllchen bestreuen.

NUDELN
Zusammenklebende Nudeln lassen sich ganz leicht mit warmem Wasser wieder trennen.

Schnitzel mit Spätzle, Soße und Salat

Mahlzeit:	**Hauptgericht**
Vegetarisch:	**nein**
Vegetarisch leicht möglich:	**nein**
Schwierigkeitsgrad:	**

Zutaten für 10 Personen

1 kg	Spätzle
14	Schnitzel vom Schweinerücken á 100 g
160 g	Mehl
250 g	Paniermehl
7	Eier
etwas	Sahne
1 Kopf	Eissalat
	Rahmsoßenpulver (für 650 ml)

Zutaten für 60 Personen

6 kg	Spätzle
85	Schnitzel vom Schweinerücken á 100 g
1 kg	Mehl
1,5 kg	Paniermehl
40	Eier
etwas	Sahne
6 Kopf	Eissalat
1 Dose	Rahmsoßenpulver (für 3–4 Liter)
	Unsere Empfehlung: Knorr Gourmet Rahmsoße

Salatdressing siehe extra Rezept Seite 74 ff.

Zubereitung

1. Schnitzel auf der Arbeitsplatte auslegen und klopfen.
2. Von beiden Seiten mit Pfeffer, Salz und Paprika würzen.
3. Salzwasser für Spätzle aufsetzen.
4. Eier aufschlagen, in einer Schüssel gut verquirrlen und etwas Sahne dazu geben.
5. Einen tiefen Teller mit Mehl füllen.
6. Einen tiefen Teller mit Paniermehl füllen.
7. Mehrere Tabletts mit Mehl bestreuen.
8. Nun jedes Schnitzel zuerst im Mehl wenden, dann durch die Eiermasse ziehen und danach in Paniermehl wenden.
9. Die fertig panierten Schnitzel auf den Tabletts bereitlegen.
10. Eissalat zerkleinern und waschen, Salatdressing zubereiten.
11. Pfanne erwärmen und die Schnitzel in viel Fett ausbacken. (Wenn man einen großen Ofen hat kann man die Schnitzel auch nur kurz von beiden Seiten anbraten und sie dann im Backofen nachgaren. So bleiben sie herrlich zart und saftig.)
12. Spätzle der Garzeit entsprechend vor dem Essen ins Wasser geben, gelegentlich umrühren.
13. Wasser für Rahmsoße aufsetzen, wenn das Wasser kocht das Pulver mit einem Schneebesen einrühren (siehe Packungsanweisung).
14. Salatdressing siehe extra Rezept Seite 74 ff.

Spaghetti Bolognese

Mahlzeit:	**Hauptgericht**
Vegetarisch:	**nein**
Vegetarisch leicht möglich:	**nein**
Schwierigkeitsgrad:	**

Zutaten für 10 Personen

1 kg	Spaghetti
1,3 kg	Hackfleisch
650 g	passierte Tomaten
120 g	Zwiebeln
260 g	Sahne
2	Karotten
1/2 Bund	Petersilie
	Salz, Pfeffer, Paprika
	Fleischbrühe
	Öl zum Anbraten
150 g	geriebener Käse

Zutaten für 60 Personen

5 kg	Spaghetti
6 kg	Hackfleisch
3 kg	passierte Tomaten
500 g	Zwiebeln
1 l	Sahne
8	Karotten
2 Bund	Petersilie
	Salz, Pfeffer, Paprika
	Fleischbrühe
	Öl zum Anbraten
700 g	geriebener Käse

Zubereitung

1. Zwiebeln schälen und in kleine Würfel schneiden.
2. Karotten schälen und ebenfalls in kleine Würfel schneiden.
3. Petersilie waschen, trocken tupfen, von den Stielen entfernen und hacken.
4. Salzwasser für die Spaghetti aufsetzen.
5. Die Zwiebeln zusammen mit dem Hackfleisch in einer Pfanne anbraten, mit etwas Salz, Pfeffer und Paprika würzen.
6. Das angebratene Hackfleisch zusammen mit den Karotten und der Petersilie in einen großen Topf geben, passierte Tomaten hinzufügen.
7. Das Ganze mit Salz, Pfeffer und Gemüsebrühe abschmecken und noch eine halbe Stunde vor sich hin köcheln lassen.
8. Spaghetti ins kochende Salzwasser geben und nach Packungsanweisung garen. Gelegentlich umrühren und Garprobe machen.
9. Die Sahne zur Soße hinzufügen und noch einmal abschmecken, und mit geriebenem Käse servieren.

Spaghetti Tomate-Zucchini

Mahlzeit:	**Hauptgericht**
Vegetarisch:	**ja**
Vegetarisch leicht möglich:	-
Schwierigkeitsgrad:	**

Zutaten für 10 Personen

1,2 kg	Spaghetti
300 g	Zwiebeln
250 g	Zucchini
1–2	Knoblauchzehen
1/3 Bund	Petersilie
1/3 Bund	Basilikum
150 g	geriebener Käse
70 ml	Öl
3 Dosen	gewürfelte Tomaten á 400 g
3/4 Tube	Tomatenmark
	Salz, Pfeffer, Gemüsebrühe Zucker, Zitronensaft

Zutaten für 60 Personen

6 kg	Spaghetti
1,8 kg	Zwiebeln
1,5 kg	Zucchini
9	Knoblauchzehen
2 Bund	Petersilie
2 Bund	Basilikum
900 g	geriebener Käse
420 ml	Öl
18 Dosen	gewürfelte Tomaten á 400 g
4,5 Tuben	Tomatenmark
	Salz, Pfeffer, Gemüsebrühe Zucker, Zitronensaft

Statt Spaghettis können selbstverständlich auch andere Nudeln verwendet werden.

Zubereitung

1. Salzwasser in einem Topf zum Kochen bringen, Salz und Öl dazugeben.
2. Die Zwiebeln schälen und fein würfeln.
3. Die Zucchini waschen, klein würfeln oder reiben.
4. Den Knoblauch schälen und pressen.
5. Schnittlauch und Basilikum waschen und klein hacken.
6. Das Öl im Topf erhitzen, Zwiebeln und Knoblauch darin andünsten.
7. Die Zucchini zugeben und kurz mitdünsten.
8. Die Dosentomaten und das Tomatenmark zugeben, mit Salz, Pfeffer, Gemüsebrühe, Zucker und Zitronensaft würzen und abschmecken.
9. Noch 15–30 Minuten köcheln lassen.
10. Die Spaghetti nach Packungsanweisung kochen.

NUDELSORTEN
Es gibt über 350 verschiedene Nudelsorten, von denen ca. 50 allgemein verbreitet sind. Ob lang, kurz, schmal, breit, einfarbig oder bunt: die Wahl der jeweiligen Pasta bestimmt die Sauce. Eine Faustregel besagt: Je schwerer die Sauce, desto breiter die Pasta. Am Ende entscheidet aber vor allem der persönliche Geschmack. Die ältesten Belege für Nudeln sind übrigens etwa 4000 Jahre alt und stammen aus Ostasien. In China sind lange Nudeln ein Symbol für ein langes Leben und werden häufig bei Geburtstagsfeiern serviert.

Toast Hawaii

Mahlzeit:	**Hauptgericht**
Vegetarisch:	**nein**
Vegetarisch leicht möglich:	**ja**
Schwierigkeitsgrad:	*****

Zutaten für 10 Personen

- 24 Scheiben Toast
- 24 Scheiben gekochter Schinken oder Salami
- 24 Scheiben Ananas
- 24 Scheiben Schmelzkäse
- 1/2 Pck. Butter

Zutaten für 60 Personen

- 140 Scheiben Toast
- 140 Scheiben gekochter Schinken oder Salami
- 140 Scheiben Ananas
- 140 Scheiben Schmelzkäse
- 2 Pck. Butter

Zubereitung

1. Den Ofen auf 180 °C vorheizen.
2. Die Toastbrotscheiben dünn mit Butter bestreichen.
3. Auf jeden Toast jeweils eine Scheibe Schinken oder Salami, Ananans und Käse legen.
4. Die Toasts in den Backofen schieben und so lange backen, bis der Käse geschmolzen ist.

Hinweis

Die hier genannten Zutaten sind für den klassischen Toast Hawaii. Der Phantasie sind jedoch keine Grenzen gesetzt. Statt der Ananas kann z. B. eine Tomatenscheibe auf den Schinken gelegt werden und die Butter kann durch Tomatenmark ersetzt werden.

Sehr lecker schmeckt Toast Hawaii auch mit frischen Pilzen:
Pilze putzen und in Scheiben schneiden. In der Pfanne etwas andünsten, mit Sahne ablöschen und mit Kräutern würzen. Die Masse auf den Schinken geben und mit dem Scheibenkäse bedecken. Dann im Backofen backen.

Fleischgerichte

Fleischküchle

Mahlzeit:	**Fleischbeilage**
Vegetarisch:	**nein**
Vegetarisch leicht möglich:	**nein**
Schwierigkeitsgrad:	**★★**

Zutaten für 10 Personen

1 kg	Hackfleisch
350 g	feines Brät
80 g	Magerquark
3	Eier
8	Scheiben Toastbrot
6	Zwiebeln
1/2 Bund	Petersilie
330 g	Semmelbrösel
	Salz, Pfeffer, Muskat

Zutaten für 60 Personen

6 kg	Hackfleisch
2 kg	feines Brät
500 g	Magerquark
20	Eier
2 Pck.	Toastbrot
6	Zwiebeln
4 Bund	Petersilie
2 kg	Semmelbrösel
	Salz, Pfeffer, Muskat

Zubereitung

1. Toastbrotscheiben zerbröseln und in eine große Schüssel geben.
2. Zwiebel abziehen und fein würfeln.
3. Petersilie waschen, trocken tupfen, von den Stielen zupfen und fein hacken.
4. Hackfleisch, Brät, Magerquark, Eier, Zwiebeln und Petersilie zum Toastbrot in die Schüssel geben.
5. Alle Zutaten gut vermengen und mit reichlich Salz, Pfeffer und Muskat würzen.
6. Dem Fleischteig so viel Semmelbrösel zugeben, bis er eine gut formbare Konsistenz hat.
7. Mehrere Tabletts mit Mehl bestreuen. Hände in eine Schüssel mit kaltem Wasser tauchen und aus dem Fleischteig kleine Küchlein formen. Diese auf den bemehlten Tabletts ablegen.
8. Die Fleischküchle in einer Pfanne mit heißem Fett ausbacken. Warmhalten in einer Warmhaltebox oder im Ofen bei 100 °C. (Im Ofen in Alufolie einschlagen, damit sie nicht austrocknen).

Hinweis

Bei Fleischküchle ist vor allem die richtige Menge Salz und Pfeffer schwer abzuschätzen. Deshalb ein kleines Probeküchle backen, probieren und wenn nötig den Fleischteig nachwürzen.

Hackbraten

Mahlzeit:	**Fleischgericht**
Vegetarisch:	**nein**
Vegetarisch leicht möglich:	-
Schwierigkeitsgrad:	✶✶

Zutaten für 10 Personen

3	Brötchen (altbacken)
1,2 kg	Hackfleisch gemischt
3	Eier
1	große Zwiebel
50 g	Tomatenmark
1 TL	Majoran (getrocknet)
2 TL	Salz
0,5 TL	Pfeffer
1 TL	Zucker
2 TL	Worcestersoße
2 TL	Speisewürze (Fondor oder Brühe)
50 g	Paniermehl

Zutaten für 60 Personen

20	Brötchen (altbacken)
7 kg	Hackfleisch gemischt
18	Eier
6	große Zwiebeln
300 g	Tomatenmark
5 TL	Majoran (getrocknet)
10 TL	Salz
3 TL	Pfeffer
5 TL	Zucker
10 TL	Worcestersoße
10 TL	Speisewürze (Fondor oder Brühe)
300 g	Paniermehl

Zubereitung

1. Brötchen in heißem Wasser einweichen.
2. Hackfleisch in eine Schüssel geben.
3. Zwiebeln schälen und fein würfeln.
4. Tomatenmark, Eier und Gewürze dazugeben.
5. Die Brötchen ausdrücken, zu den anderen Zutaten geben und alles gut durchkneten. So viel Paniermehl daruntermengen, bis sich der Teig gut formen lässt.
6. Backbleche mit Backpapier belegen.
7. Aus dem Fleischteig 4 Laibe formen und auf die Backbleche legen.
8. Bei 200 °C ca. 70 Minuten im Backofen backen.
9. In Scheiben schneiden und servieren.

Hinweis

Die Hackmasse kann sehr gut in einer gefetteten Kastenform herausgebacken werden.

Jägerschnitzel

Mahlzeit:	**Hauptmahlzeit**
Vegetarisch:	**nein**
Vegetarisch leicht möglich:	**nein**
Schwierigkeitsgrad:	******

Zutaten für 10 Personen

1,25 kg	Schweineschnitzel
	Salz und Pfeffer
50 g	Mehl
50 g	Kokosfett
100 g	Zwiebeln
400 g	Champignons (geschnitten)
150 g	Margarine
0,7 l	Wasser, Gemüse- oder Fleischbrühe
10 g	Speisestärke
100 ml	Sahne

Zutaten für 60 Personen

7,5 kg	Schweineschnitzel
	Salz und Pfeffer
300 g	Mehl
300 g	Kokosfett
600 g	Zwiebeln
2,2 kg	Champignons (geschnitten)
900 g	Margarine
3,75 l	Wasser, Gemüse- oder Fleischbrühe
60 g	Speisestärke
600 ml	Sahne

Zubereitung

1. Die Schweineschnitzel auf die Arbeitsplatte legen und auf beiden Seiten klopfen, mit Salz und Pfeffer würzen und in Mehl wenden.
2. Das Kokosfett erhitzen und die Schnitzel von beiden Seiten anbraten.
3. Die Zwiebeln schälen und klein schneiden.
4. Champignons abgießen.
5. Die Margarine zerlassen, Zwiebel und Champignons darin andünsten.
6. Mit Wasser ablöschen und mit Salz, Pfeffer und gekörnter Brühe würzen.
7. Die Stärke in etwas kaltem Wasser auflösen, in die kochende Soße einrühren und aufkochen lassen.
8. Die Soße mit Sahne verfeinern.

Fleischgerichte

Salzbraten

Mahlzeit:	**Fleischgericht**
Vegetarisch:	**nein**
Vegetarisch leicht möglich:	**nein**
Schwierigkeitsgrad:	*****

Zutaten für 10 Personen

2 kg   Schweinenacken am Stück
1 kg   grobes Salz

Zutaten für 60 Personen

12 kg   Schweinenacken am Stück
6 kg   grobes Salz

Zubereitung

1. Ein oder mehrere Backbleche mit Alufolie auslegen.
2. Auf die Alufolie das Salz geben und für das Fleisch ein Bett formen.
3. Den Schweinenacken waschen und ungewürzt auf das Salzbett legen.
4. Im vorgeheizten Backofen bei 180 °C ca. 2 Stunden garen ohne den Ofen zu öffnen.

SALZ
Salz wird schnell feucht, insbesondere im Sommer bei hoher Luftfeuchtigkeit. Deshalb Salz möglichst luftdicht verschlossen aufbewahren. Damit das Salz nicht feucht wird und zusammenklebt: Ein paar Reiskörner (Weizenkörner o.ä. geht auch) unter das Salz mischen. Die Reiskörner verhindern das Verklumpen. Das Salz bleibt länger streufähig.

Schnitzelauflauf

Mahlzeit:	**Fleischgericht**
Vegetarisch:	**nein**
Vegetarisch leicht möglich:	**nein**
Schwierigkeitsgrad:	**

Zutaten für 10 Personen

1 kg	Putenschnitzel
	Salz und Pfeffer
330 g	gekochter Schinken
1 kg	Tomaten
400 g	frische Pilze
300 g	geriebener Emmentaler
2	Becher Sahne
1 TL	Oregano
1 TL	Thymian
1 TL	Basilikum
1 TL	Salz
1/2 TL	Pfeffer
1 EL	Ketchup
	Öl zum Anbraten und für die Form

Zutaten für 60 Personen

6 kg	Putenschnitzel
	Salz und Pfeffer
2 kg	gekochter Schinken
6 kg	Tomaten
2,4 kg	frische Pilze
1,8 kg	geriebener Emmentaler
12	Becher Sahne
6 TL	Oregano
6 TL	Thymian
6 TL	Basilikum
6 TL	Salz
3 TL	Pfeffer
6 EL	Ketchup
	Öl zum Anbraten und für die Form

Zubereitung

1. Die Putenschnitzel in Streifen schneiden und in der Pfanne kurz anbraten, danach salzen und pfeffern.
2. Backofen auf 200 °C vorheizen.
3. Schinken in Würfel schneiden.
4. Tomaten waschen und in Scheiben schneiden.
5. Pilze putzen und vierteln.
6. Eine große feuerfeste Form (oder auch mehrere) mit Öl auspinseln und mit der Hälfte der Tomaten auslegen.
7. Schinken darauf schichten, danach die Pilze und das Fleisch.
8. Die restlichen Tomaten auf das Fleisch legen und den Käse darüber streuen.
9. Die Sahne mit den Gewürzen verquirlen und über den Käse gießen.
10. Bei 200 °C im Backofen ca. 25 Minuten backen lassen.

Dazu schmeckt ein leicht warmes Baguette oder Nudeln.

Soßen

Hackfleischsoße

Mahlzeit:	**Soße**
Vegetarisch:	**nein**
Vegetarisch leicht möglich:	**nein**
Schwierigkeitsgrad:	**★★**

Zutaten für 10 Personen

1,3 kg	Hackfleisch
650 g	passierte Tomaten
120 g	Zwiebeln
260 g	Sahne
2	Karotten
1/2 Bund	Petersilie
	Salz, Pfeffer, Paprika
	Fleischbrühe
	Öl zum Anbraten
150 g	geriebener Käse

Zutaten für 60 Personen

6 kg	Hackfleisch
3 kg	passierte Tomaten
500 g	Zwiebeln
1 l	Sahne
8	Karotten
2 Bund	Petersilie
	Salz, Pfeffer, Paprika
	Fleischbrühe
	Öl zum Anbraten
700 g	geriebener Käse

Zubereitung

1. Zwiebeln schälen und in kleine Würfel schneiden.
2. Karotten schälen und ebenfalls in kleine Würfel schneiden.
3. Petersilie waschen, trocken tupfen, von den Stielen entfernen und hacken.
4. Die Zwiebeln zusammen mit dem Hackfleisch in einer Pfanne anbraten, mit Salz, Pfeffer und Paprika würzen.
5. Das angebratene Hackfleisch zusammen mit den Karotten und der Petersilie in einen großen Topf geben, passierte Tomaten hinzufügen.
6. Mit Salz, Pfeffer und Gemüsebrühe abschmecken und noch eine halbe Stunde vor sich hin köcheln lassen.
7. Vor dem Servieren die Sahne zur Soße hinzufügen und noch einmal abschmecken.

Käsesoße

Mahlzeit:	**Soße**
Vegetarisch:	**ja**
Vegetarisch leicht möglich:	-
Schwierigkeitsgrad:	**

Zutaten für 10 Personen

100 g	Zwiebeln
80 g	Butter oder Margarine
80 g	Mehl
1 l	Gemüsebrühe
200 g	Schmelzkäse
250 ml	Sahne
1,5 TL	Salz
	Pfeffer

Zutaten für 60 Personen

600 g	Zwiebeln
480 g	Butter oder Margarine
480 g	Mehl
6 l	Gemüsebrühe
1,2 kg	Schmelzkäse
1,5 l	Sahne
9 TL	Salz
	Pfeffer

Zubereitung

1. Die Zwiebeln abziehen und fein schneiden.
2. Butter erhitzen und die Zwiebeln glasig dünsten.
3. Mehl dazugeben und goldgelb anschwitzen.
4. Mit der Brühe ablöschen und aufkochen lassen.
5. Den Käse und die Sahne dazugeben und alles gut verrühren.
6. Die Soße mit Salz und Pfeffer abschmecken.

Krävtersoße

Mahlzeit:	**Soße**
Vegetarisch:	**ja**
Vegetarisch leicht möglich:	-
Schwierigkeitsgrad:	**✷✷**

Zutaten für 10 Personen

- 100 g Zwiebeln
- 100 g Butter
- 100 g Mehl
- 125 g Tiefkühlkräuter 8-Kräuter-Mischung (oder auch frische Kräuter)
- 1 l Wasser
- 250 ml Sahne
- Salz
- Pfeffer
- Brühpulver

Zutaten für 60 Personen

- 600 g Zwiebeln
- 600 g Butter
- 600 g Mehl
- 750 g Tiefkühlkräuter 8-Kräuter-Mischung (oder auch frische Kräuter)
- 6 l Wasser
- 1,5 l Sahne
- Salz
- Pfeffer
- Brühpulver

Zubereitung

1. Die Zwiebeln schälen und in kleine Würfel schneiden.
2. Die Butter erhitzen, Zwiebeln glasig dünsten.
3. Das Mehl dazugeben und goldgelb anschwitzen.
4. Die Kräuter zugeben und mitdünsten.
5. Mit Wasser und Sahne ablöschen und aufkochen lassen.
6. Mit Salz, Pfeffer und Brühpulver abschmecken.

Tomatensoße

Mahlzeit:	**Soße**
Vegetarisch:	**ja**
Vegetarisch leicht möglich:	-
Schwierigkeitsgrad:	******

Zutaten für 10 Personen

100 g	Zwiebeln
1/4 Bund	Basilikum
100 g	Margarine
100 g	Mehl
100 g	Tomatenmark
875 ml	Wasser
375 ml	Milch
	Estragon, Paprika, Rosmarin
	Salz
	evtl. Zucker

Zutaten für 60 Personen

600 g	Zwiebeln
1,5 Bund	Basilikum
600 g	Margarine
600 g	Mehl
600 g	Tomatenmark
5,25 l	Wasser
2,25 l	Milch
	Estragon, Paprika, Rosmarin
	Salz
	evtl. Zucker

Zubereitung

1. Zwiebeln abziehen und fein schneiden.
2. Basilikum waschen und schneiden.
3. Margarine im Topf zerlassen und die Zwiebeln glasig dünsten.
4. Mehl dazugeben und anschwitzen.
5. Das Tomatenmark zugeben und kurz mitdünsten.
6. Mit Wasser und Milch ablöschen, glattrühren und aufkochen lassen.
7. Basilikum und andere Gewürze dazugeben und abschmecken.
8. 10–15 Minuten leicht köcheln lassen.

Beilagen

Backofenkartoffeln

Mahlzeit:	**Beilagen**
Vegetarisch:	ja
Vegetarisch leicht möglich:	-
Schwierigkeitsgrad:	*

Zutaten für 10 Personen

5 kg	Kartoffeln
	Salz, Pfeffer
	Olivenöl

Zutaten für 60 Personen

25 kg	Kartoffeln
	Salz, Pfeffer
	Olivenöl

Zubereitung

1. Die Kartoffel waschen und halbieren.
2. Die Schnittfläche mit Salz und Pfeffer würzen.
3. Das Backblech mit Olivenöl einpinseln und die Kartoffeln mit der gewürzten Seite auf das Blech legen.
4. Bei 180 °C ca. 35 Minuten backen.

KARTOFFELSORTEN
Weltweit gibt es rund 5000 Kartoffelsorten. Diese sind aufgrund der vielen verschiedenen Verwendungszwecke und der geographisch weit auseinander liegenden Anbaugebiete gezüchtet worden. Zudem werden ständig weitere Sorten entwickelt. Die weltweit größte Gendatenbank mit etwa 100 wilden und 3800 in den Anden traditionell kultivierten Kartoffelsorten unterhält das internationale Kartoffelinstitut mit Sitz in Lima, Peru.

Brezelknödel

Mahlzeit:	**Beilagen**
Vegetarisch:	**ja**
Vegetarisch leicht möglich:	-
Schwierigkeitsgrad:	*******

Zutaten für 10 Personen

10	trockene Brezeln vom Vortag
600 ml	Milch
8	Eier
5	Schalotten
2 Bund	Petersilie
2 EL	Butter
	Muskatnuss
	Pfeffer und Salz

Zutaten für 60 Personen

60	trockene Brezeln vom Vortag
3,6 l	Milch
48	Eier
30	Schalotten
12 Bund	Petersilie
12 EL	Butter
	Muskatnuss
	Pfeffer und Salz

Zubereitung

1. Die breite Seite der Brezel der Länge nach halbieren, dann alles in 0,5 cm dicke Scheiben schneiden.
2. Die Milch erhitzen, frisch geriebenen Muskat, Salz und Pfeffer zugeben.
3. Das Gemisch über die Brezelscheiben gießen und 10 Min. quellen lassen.
4. Schalotten schälen, würfeln und mit Butter in der Pfanne glasig dünsten.
5. Petersilie waschen, trockentupfen, von den Stielen zupfen und grob hacken.
6. Die Eier trennen und die Eigelbe mit der grob gehackten Petersilie und den Schalotten unter die Brezelmasse heben.
7. Die Eiweiße kurz schlagen (Rührgerät) und unter die Brezelmasse heben.
8. Eventuell den Knödelteig nochmals mit Muskat und Pfeffer nachwürzen.
9. Klarsicht- und Alufolie in 2 etwa 40 cm lange Stücke schneiden. Die Klarsichtfolie auf die Alufolie legen.
10. Die halbe Knödelmasse auf das untere Drittel der Folien verteilen und zu zusammenrollen. Die Enden fest eindrehen damit sich der Inhalt verbindet. Die Rolle hat eine Länge von ca. 16 cm und einen Durchmesser von ca. 6 cm.
11. Die nächste Rolle im gleichen Verfahren herstellen.
12. Beide Rollen für ungefähr 20 Minuten in kochendem Wasser garen. Das Wasser sollte während der gesamten Zeit kochen.
13. Danach den Topf von der Kochstelle nehmen und zum Ziehen nochmals 20 Minuten stehen lassen.
14. Die Knödelrollen aus den Folien nehmen, in Scheiben von ca. 1 cm schneiden.

Kartoffelgratin

Mahlzeit:	**Beilage**
Vegetarisch:	ja
Vegetarisch leicht möglich:	-
Schwierigkeitsgrad:	***

Zutaten für 10 Personen

2,5 kg	mehlig kochende Kartoffeln
1 l	Sahne
2–3	Knoblauchzehen
3	Zweige Thymian
2	Biozitronen
	Muskatnuss
325 g	geriebener, würziger Käse
	Butter
	Salz, Pfeffer

Zutaten für 60 Personen

15 kg	mehlig kochende Kartoffeln
6 l	Sahne
15	Knoblauchzehen
18	Zweige Thymian
12	Biozitronen
	Muskatnuss
2 kg	geriebener, würziger Käse
	Butter
	Salz, Pfeffer

GARZEIT VON KARTOFFELN

Die Garzeit von Kartoffeln variiert je nach Sorte und Größe der Kartoffeln. Deshalb kann man keine genauen Vorgaben zur Kochzeit für Kartoffeln machen, sondern muss bei jedem Kochen erneut eine Garprobe machen, um herauszufinden, ob die Kartoffeln fertig sind oder nicht. Für die Garprobe nimmt man eine Gabel und sticht in die Kartoffel. Dringt die Gabel ohne Widerstand in die Kartoffel ein, ist sie gar. Fällt das Einstechen schwer, müssen die Kartoffeln noch weiter kochen.

Zubereitung

1. Den Backofen auf 180 °C vorheizen. Eine oder mehrere ofenfeste Formen mit Butter einfetten.
2. Die Sahne in einem Topf kurz aufkochen und vom Herd nehmen.
3. Den Knoblauch schälen und halbieren, den Thymian waschen und trocken schütteln, die Zitrone dünn abschälen.
4. Knoblauch, Thymian und Zitronenschale in die Sahne geben und rund 15 Minuten ziehen lassen.
5. Die Kartoffeln schälen, waschen und in zwei bis drei Millimeter dünne Scheiben schneiden oder hobeln.
6. Die Kartoffeln gleichmäßig in der ofenfesten Form verteilen.
7. Thymian und Knoblauch aus der Sahne herausnehmen, die Sahne mit Salz, Pfeffer und Muskatnuss kräftig würzen und über die Kartoffeln gießen.
8. Den Käse reiben und über die Kartoffeln streuen.
9. Das Gratin bei 200 °C ca. 45 Minuten goldbraun backen.

Reis gedünstet

Mahlzeit:	**Beilage**
Vegetarisch:	**ja**
Vegetarisch leicht möglich:	-
Schwierigkeitsgrad:	*

Zutaten für 10 Personen

- 200 g   Zwiebeln (1–2 Zwiebeln)
- 600 g   Langkornreis
- 60 g   Margarine
- 1,25 l heißes Wasser
          Salz
- 5 g   gekörnte Brühe

Zutaten für 60 Personen

- 1,4 kg Zwiebeln
- 3,5 kg Langkornreis
- 350 g   Margarine
- 7 l   heißes Wasser
          Salz
- 28 g   gekörnte Brühe

Zubereitung

1. Zwiebeln häuten und kleinschneiden.
2. Langkornreis im Sieb waschen.
3. Margarine im Topf erhitzen und Zwiebeln darin glasig dünsten.
4. Reis zugeben und kurzmit dünsten, dann alles in einen 30 Liter Kessel geben.
5. Mit 7 Litern heißem Wasser ablöschen und mit Salz und gekörnter Brühe würzen.
6. Den Reis zugedeckt garen. 10 Minuten leicht kochen lassen, danach ausgeschaltet quellen lassen.
7. Wenn das Wasser aufgesogen ist, den Reis prüfen ob er gar ist. Wenn der Reis noch nicht gar ist – noch etwas Wasser zugießen.

Tomatenreis

Mahlzeit:	**Beilage**
Vegetarisch:	**ja**
Vegetarisch leicht möglich:	-
Schwierigkeitsgrad:	✶✶

Zutaten für 10 Personen

- 80 g   Zwiebeln
- 630 g   Langkornreis
- 50 g   Margarine
- 1,2 l   Wasser
- 24 g   Salz
- 6 g   Gemüsebrühe
- 1,2 kg   Tomaten aus der Dose, in Stücken
-           Salz, Pfeffer, Paprikapulver

Zutaten für 60 Personen

- 480 g   Zwiebeln
- 3,8 kg   Langkornreis
- 300 g   Margarine
- 7,2 l   Wasser
- 144 g   Salz
- 30 g   Gemüsebrühe
- 7,2 kg   Tomaten aus der Dose, in Stücken
-           Salz, Pfeffer, Paprikapulver

Zubereitung

1. Die Zwiebeln schälen und fein schneiden.
2. Reis im Sieb waschen.
3. Die Margarine in einem Topf erhitzen und die Zwiebeln darin glasig dünsten.
4. Reis zugeben und kurz mitdünsten, dann alles in einen 30 Liter Topf geben.
5. Mit 7 Litern heißem Wasser ablöschen, mit Salz und gekörnter Brühe würzen.
6. Den Reis zugedeckt garen. Den Topf 10 Minuten leicht kochen, danach ausgeschaltet quellen lassen.
7. Wenn das Wasser aufgesogen ist, den Reis probieren ob er gar ist. Wenn nicht, noch etwas Wasser zugießen.
8. Die Tomaten unter den Reis heben und mit Salz, Pfeffer, Paprika, gekörnter Brühe, Öl und/oder etwas Butter abschmecken.

Nachtisch

Apple-Crisp mit Vanilleeis

Mahlzeit:	**Nachtisch**
Vegetarisch:	**ja**
Vegetarisch leicht möglich:	-
Schwierigkeitsgrad:	*

Zutaten für 10 Personen

- 1 kg   mürbe Äpfel
- 1 EL   Zitronensaft
- 100 g   Zucker oder Honig
- 150 g   Haferflocken
- 1 TL   Zimt
- 125 g   Butter
- 50 g   gemahlene Nüsse
-         Fett für die Auflaufform

- 1 kg   Vanilleeis

Zutaten für 60 Personen

- 6 kg   mürbe Äpfel
- 6 EL   Zitronensaft
- 600 g   Zucker oder Honig
- 900 g   Haferflocken
- 6 TL   Zimt
- 750 g   Butter
- 300 g   gemahlene Nüsse
-         Fett für die Auflaufform

- 6 kg   Vanilleeis

Zubereitung

1. Äpfel schälen, Kerngehäuse entfernen, in kleine Stückchen schneiden und mit Zitronensaft beträufeln.
2. Butter in der Pfanne schmelzen und die Haferflocken darin leicht anrösten.
3. Zucker und Zimt dazu geben und in der Pfanne so lange wenden, bis der Zucker geschmolzen ist.
4. Die Apfelstückchen in eine oder mehrere gefettete Auflaufformen geben und die Masse darüber verteilen.
5. Bei 175 °C ca. 25 Minuten backen. Wenn die Haferflocken zu dunkel werden, mit Alufolie abdecken.
6. Mit Vanilleeis servieren.

HONIG
Wenn Honig kristallisiert ist, kann das Honigglas in einem Wasserbad erwärmt werden. So lösen sich die Kristalle und der Honig wird wieder flüssig. Unbedingt darauf achten, dass der Honig nur bis maximal 35 Grad Celsius erhitzt wird, da sonst alle wertvollen Inhaltsstoffe zerstört werden!

Cantuccini-Pfirsich-Tiramisu

Mahlzeit:	**Nachtisch**
Vegetarisch:	**ja**
Vegetarisch leicht möglich:	-
Schwierigkeitsgrad:	******

Zutaten für 10 Personen

750 g	Mascarpone
500 g	Frischkäse
500 ml	Sahne
3 Pck.	Vanillezucker
10 EL	Zucker
3 kl. Dosen	Pfirsiche
15 EL	Amaretto
750 g	Kekse (Cantuccini)
100 g	Mandelblättchen

Zutaten für 60 Personen

4,5 kg	Mascarpone
3 kg	Frischkäse
3 l	Sahne
18 Pck.	Vanillezucker
150 g	Zucker
9 Dosen	Pfirsiche
90 ml	Amaretto
4,5 kg	Kekse (Cantuccini)
600 g	Mandelblättchen

Zubereitung

1. Die Cantuccini leicht zerkleinert in eine Auflaufform füllen.
2. Die Pfirsiche aus der Dose in kleine Stücke schneiden.
3. Von dem Pfirsichsaft ca. 10 Esslöffel über die Cantuccini gießen und den Amaretto darüber träufeln.
4. Die Mascarpone mit dem Frischkäse und dem Zucker verrühren.
5. Die Sahne mit dem Bourbon-Vanillezucker steifschlagen und unterheben.
6. Die Hälfte der Masse auf die Cantuccini streichen.
7. Die Pfirsichstücke als nächste Lage über die Creme geben.
8. Die restliche Masse darüber geben und glatt streichen.
9. Für mindestens 6 Stunden in den Kühlschrank stellen (am besten über Nacht).
10. Vor dem Servieren die Mandelblättchen in einer Pfanne bräunen, abkühlen lassen und auf der festgewordenen Creme verteilen.

Variationen:

1. Einige Himbeeren unter die Pfirsichlage mischen.
2. Für Kinder kann man statt der Cantuccini Löffelbiskuit nehmen und den Amaretto durch Pfirsichsaft ersetzen.

Früchtenachtisch

Mahlzeit	**Nachtisch**
Vegetarisch:	ja
Vegetarisch leicht möglich:	-
Schwierigkeitsgrad:	*

Zutaten für 10 Personen

600 g	Früchte aus der Tiefkühltruhe (Johannisbeeren, Himbeeren, Stachelbeeren, Heidelbeeren …)
200 g	Pfirsiche oder Aprikosen (Dose)
1 kg	Quark
2–3 Becher	Schlagsahne
2 Pck.	Vanillezucker
	Brauner Rohrzucker

Zutaten für 60 Personen

3,5 kg	Früchte aus der Tiefkühltruhe (Johannisbeeren, Himbeeren, Stachelbeeren, Heidelbeeren …)
1,2 kg	Pfirsiche oder Aprikosen (Dose)
6 kg	Quark
15 Becher	Schlagsahne
12 Pck.	Vanillezucker
	Brauner Rohrzucker

Zubereitung

1. Die Früchte mischen und in eine Auflaufform aus Glas füllen.
2. Die Sahne zusammen mit dem Vanillezucker steif schlagen und mit dem Quark mischen.
3. Die Masse über den Früchten verteilen.
4. Quarkmasse komplett mit braunem Rohrzucker bedecken.
5. Im Kühlschrank 2–3 Stunden durchziehen lassen.

Man kann die drei Schichten nacheinander in eine Glasschüssel geben oder 1,2,3 und dann noch mal Schicht 1,2 und 3 – je nach Belieben und Menge.

Hinweis

Den Nachtisch kann man gut vorbereiten.

Grießbrei

Mahlzeit:	**Süßspeise**
Vegetarisch:	**ja**
Vegetarisch leicht möglich:	-
Schwierigkeitsgrad:	*

Zutaten für 10 Personen

- 2,5 l   Milch
- 250 g   Weichweizengrieß
- 45 g   Butter
- 100 g   Zucker

Zucker und Zimt
Apfelmus oder Kompott (Apfel, Zwetschge, Kirsche …)

Zutaten für 60 Personen

- 15 l   Milch
- 1,5 kg Weichweizengrieß
- 270 g   Butter
- 600 g   Zucker

Zucker und Zimt
Apfelmus oder Kompott (Apfel, Zwetschge, Kirsche …)

Zubereitung

1. Milch, Butter und Zucker zusammen aufkochen.
2. Weichweizengrieß einrieseln und einrühren.
3. Den Brei auf niedriger Flamme 15–30 Minuten kochen lassen, dabei immer wieder umrühren.

Hinweis

Hat sich bei unseren Zeltlagern als tolle Ergänzung zum kalten Abendessen erwiesen. Kinder und Jugendliche scheinen Grießbrei sehr gern zu essen.

Kirschquark

Mahlzeit: **Nachtisch**
Vegetarisch: **ja**
Vegetarisch leicht möglich: -
Schwierigkeitsgrad: *****

Zutaten für 10 Personen

1 Glas	Kirschen
750 g	Quark
400 g	Schlagsahne
2 Pck.	Vanillezucker
50 g	Zucker

Zutaten für 60 Personen

6 Gläser	Kirschen
4,5 kg	Quark
2,4 l	Schlagsahne
12 Pck.	Vanillezucker
300 g	Zucker

Zubereitung

1. Den Quark in eine Schüssel geben und mit dem Zucker vermischen.
2. Die Sahne schlagen und unter den Quark rühren.
3. Den Kirschsaft abgießen und die Kirschen unter die Quark-Sahne-Masse mischen.
4. Im Kühlschrank kalt stellen.

Milchreis

Mahlzeit:	**Nachtisch**
Vegetarisch:	**ja**
Vegetarisch leicht möglich:	-
Schwierigkeitsgrad:	*

Zutaten für 10 Personen

2 l	Milch
300 g	Milchreis
40 g	Butter
60 g	Zucker
2 Prisen	Zimt
2 Prisen	Salz

Zutaten für 60 Personen

12 l	Milch
1,8 kg	Milchreis
250 g	Butter
350 g	Zucker
12 Prisen	Zimt
10 Prisen	Salz

Zubereitung

1. Milch mit Salz und Butter zum Kochen bringen.
2. Reis einrühren und und unter Rühren bei kleiner Hitze quellen lassen.
3. Garzeit für den Reis etwa 25 Minuten.
4. Mit Zucker süßen, nach Geschmack auch Zimt dazugeben.

Multivitamincreme

Mahlzeit:	**Nachtisch**
Vegetarisch:	**ja**
Vegetarisch leicht möglich:	-
Schwierigkeitsgrad:	******

Zutaten für 10 Personen

2	Zitronen
750 ml	Multivitaminsaft
50 g	Speisestärke
100 g	Zucker
400 g	Schlagsahne
500 g	Magerquark
2	Päckchen Vanillezucker

Zutaten für 60 Personen

12	Zitronen
4,5 l	Multivitaminsaft
300 g	Speisestärke
600 g	Zucker
2,4 l	Schlagsahne
3 kg	Magerquark
12	Päckchen Vanillezucker

Zubereitung

1. Die Hälfte der Zitronen auspressen und mit dem Multivitaminsaft in einem Topf vermischen.
2. Etwas Saft abnehmen, den Zucker und die Stärke darin glatt rühren.
3. Den Saft im Topf zum Kochen bringen.
4. Die angerührte Stärke mit dem Schneebesen unter heftigem Schlagen in den kochenden Saft einrühren und 1 Minute unter kräftigem Rühren aufkochen.
5. Die Masse kalt stellen, zwischendurch immer wieder umrühren, damit sich keine Haut bildet.
6. Die Sahne steif schlagen, dabei den Vanillezucker zugeben.
7. Das Gelee mit dem Quark mischen und danach die Sahne mit dem Schneebesen behutsam unter die Masse ziehen.
8. In Schüsseln oder Schälchen füllen.
9. Die restlichen Zitronen in Halbmonde schneiden und die Creme damit verzieren.

Obstsalat

Mahlzeit:	**Nachtisch**
Vegetarisch:	**ja**
Vegetarisch leicht möglich:	-
Schwierigkeitsgrad:	*

Zutaten für 10 Personen

175 g	Äpfel
175 g	Birnen
300 g	Orangen
200 g	Ananas (Dose)
175 g	Pfirsich
175 g	Erdbeeren
2/3	Zitrone
	Zucker
2/3 Pck.	Vanillezucker

Zutaten für 60 Personen

1 kg	Äpfel
1 kg	Birnen
1,6 kg	Orangen
1,2 kg	Ananas (Dose)
1 kg	Pfirsich
1 kg	Erdbeeren
4	Zitronen
	Zucker
4 Pck.	Vanillezucker

Zubereitung

1. Äpfel, Birnen, Pfirsiche und Erdbeeren waschen und kleinschneiden.
2. Die Orangen schälen und ebenfalls kleinschneiden.
3. Die Dosenananas mit dem Saft in eine Schüssel geben, die kleingeschnittenen Früchte dazugeben.
4. Die Zitronen auspressen und den Saft in die Schüssel geben.
5. Zucker und Vanillezucker unter die Früchte mischen.

Varianten

1. Mandelplättchen oder Schokoladenstückchen unter den Obstsalat heben.
2. Wem der Obstsalat so zu „trocken" ist, kann noch Orangensaft dazugeben.

Hinweis

Die Früchte können mit Früchten der Saison ausgetauscht werden.

Rote Grütze

Mahlzeit:	**Nachtisch**
Vegetarisch:	**ja**
Vegetarisch leicht möglich:	-
Schwierigkeitsgrad:	******

Zutaten für 10 Personen

1,5 kg	gemischte Früchte (frisch oder Tiefkühl)
45 g	Speisestärke
0,5 l	Kirschsaft oder roter Multivitaminsaft
225 g	Zucker
45 g	Vanillezucker
400 ml	Sahne

Zutaten für 60 Personen

7,5 kg	gemischte Früchte (frisch oder Tiefkühl)
225 g	Speisestärke
2,5 l	Kirschsaft oder roter Multivitaminsaft
1,3 kg	Zucker
225 g	Vanillezucker
2 l	Sahne

Zubereitung

1. Die Früchte in einer Schüssel auftauen, Saft auffangen.
2. Die Speisestärke mit dem Fruchtsaft glatt rühren.
3. Die Früchte mit Zucker und Vanillezucker zum Kochen bringen. (Bei frischen Früchten nur einen Teil des Saftes zum Anrühren der Speisestärke verwenden und den Rest zu den Früchten geben.)
4. Die angerührte Speisestärke unter Rühren einlaufen lassen und aufkochen.
5. Von der Kochstelle nehmen und in Dessertschalen füllen.
6. Die Sahne steif schlagen und auf die abgekühlte Grütze geben.

Schokopudding zum kalt anrühren

Mahlzeit:	**Nachtisch**
Vegetarisch:	**ja**
Vegetarisch leicht möglich:	**-**
Schwierigkeitsgrad:	*****

Zutaten für 60 Personen

1 Packung (1000 g) Galetta Cremepudding
5 l Milch

MILCH
Frische Milch vom Bauern sollte grundsätzlich abgekocht werden. Nach dem Abkochen unbedingt auf gute Kühlung achten.

Zubereitung

1. Die erforderliche Menge kalte Milch in ein hohes Gefäß geben.
2. Die entsprechende Menge Cremepuddingpulver dazugeben und mit einem elektrischen Rührgerät auf niedrigster Stufe oder mit einem Schneebesen 2 Minuten verrühren.
3. Flüssig portionieren und mindestens 1 Stunde kalt stellen.

Tiramisu für Kinder

Mahlzeit:	**Nachtisch**
Vegetarisch:	**ja**
Vegetarisch leicht möglich:	-
Schwierigkeitsgrad:	******

Zutaten für 10 Personen

3 Pck.	Vanillepudding
90 g	Zucker
750 ml	Milch
2 Tassen	Kakao
600 g	Magerquark
180 g	Zucker
300 g	Sahne
60	Löffelbiskuits
	Kakaopulver

Zutaten für 60 Personen

18 Pck.	Vanillepudding
540 g	Zucker
4,5 l	Milch
12 Tassen	Kakao
3,6 kg	Magerquark
1 kg	Zucker
1,8 kg	Sahne
360	Löffelbiskuits
	Kakaopulver

Zubereitung

1. Vanillepudding nach Packungsanweisung, allerdings nur mit der im Rezept angegebenen Menge Milch und Zucker zubereiten. Beiseite stellen und immer wieder umrühren, damit sich keine Haut bildet.
2. Zwei kleine Tassen Kakao zubereiten und ebenfalls kalt stellen.
3. Magerquark und Zucker mit einem Rührgerät 5 Minuten lang kräftig schlagen. Dann nach und nach den lauwarmen Vanillepudding unterrühren.
4. Sahne steif schlagen und vorsichtig unter die Quark-Pudding-Masse heben.
5. Nun abwechselnd Creme und Löffelbiskuits in eine Form schichten. Dabei jede Schicht Löffelbiskuits mit Kakao beträufeln. Die letzte Schicht ist die Creme. Diese mit Kakaopulver bestreuen.
6. Das Tiramisu mindestens eine Stunde im Kühlschrank ruhen lassen.

Tutti-Frutti

Mahlzeit:	**Nachtisch**
Vegetarisch:	**ja**
Vegetarisch leicht möglich:	-
Schwierigkeitsgrad:	✶✶

Zutaten für 10 Personen

- 1 l   Milch
- 2   Packungen Vanillepuddingpulver
- 80 g   Zucker
- 260 g Löffelbiskuit
- 1 kg   Obstsalat aus der Dose (Abtropfgewicht)

Zutaten für 60 Personen

- 6 l   Milch
- 12   Packungen Vanillepuddingpulver
- 480 g Zucker
- 2 kg   Löffelbiskuit
- 6 kg   Obstsalat aus der Dose (Abtropfgewicht)

Zubereitung

1. Vanillepudding nach Packungsanweisung kochen.
2. Obstsalat abtropfen lassen.
3. Schale mit Löffelbiskuits auslegen, die Hälfte der Früchte darauf verteilen, mit der Hälfte des Vanillepuddings übergießen.
4. Wieder eine Schicht Löffelbiskuits und Früchte einschichten, restlichen Pudding darauf verteilen.
5. Kalt stellen.

Vanille-Apfel-Creme

Mahlzeit:	**Nachtisch**
Vegetarisch:	**ja**
Vegetarisch leicht möglich:	-
Schwierigkeitsgrad:	*

Zutaten für 10 Personen

1,4 l	Apfelsaft
2,5 Pck.	Vanille-Pudding-Pulver
125 g	Zucker
400 ml	Sahne
2 Pck.	Vanillezucker

Zutaten für 60 Personen

8,4 l	Apfelsaft
15 Pck.	Vanille-Pudding-Pulver
750 g	Zucker
2,4 l	Sahne
12 Pck.	Vanillezucker

KÜHLEN
Milch oder Pudding in einem Topf darf im Bach gekühlt werden. Aufgrund von möglichen Verunreinigungen dürfen aber keine Getränke gekühlt werden, da die Flaschen direkt angefasst werden und es dabei zu Keimübertragungen kommen kann.

Zubereitung

1. Vom Apfelsaft etwas abnehmen.
2. Den Zucker zum übrigen Saft hinzufügen und zum Kochen bringen.
3. In die abgenommene Menge Saft das Puddingpulver geben und glatt rühren.
4. Den kochenden Saft von der Kochstelle nehmen und das angerührte Puddingpulver mit dem Schneebesen unterrühren. Nochmals aufkochen lassen.
5. In ein anderes Gefäß füllen und abkühlen lassen.
6. Die Sahne steif schlagen, etwas davon zum Verzieren der Creme beiseite stellen.
7. Wenn die Puddingmasse abgekühlt ist, die Sahne unterziehen und in Portionsschälchen füllen.
8. Mit Sahne verzieren.

Vanille-Joghurt-Creme

Mahlzeit:	**Nachtisch**
Vegetarisch:	**ja**
Vegetarisch leicht möglich:	-
Schwierigkeitsgrad:	**

Zutaten für 10 Personen

800 g	Naturjoghurt
200 g	Puderzucker
1	Bio-Zitrone (Schale)
1	Vanilleschote
6 Blatt	Gelatine
400 g	Schlagsahne

Zutaten für 60 Personen

4,8 kg	Naturjoghurt
1,2 kg	Puderzucker
6	Bio-Zitronen (Abrieb)
6	Vanilleschoten
36 Blatt	Gelatine
2,4 l	Schlagsahne

Zubereitung

1. Den Joghurt mit Puderzucker und der abgeriebenen Zitronenschale verrühren.
2. Die Vanilleschote der Länge nach halbieren, das Vanillemark herauskratzen und zur Masse geben.
3. Die Gelatine in kaltem Wasser einweichen.
4. Etwas von der Joghurtmasse erhitzen und die Gelatine darin auflösen.
5. Nach und nach die restliche Joghurtmasse dazugeben und gut verrühren.
6. Die Sahne schlagen und unter die Masse heben.
7. Die Creme in Schälchen füllen und kalt stellen.

Zwetschgennudeln

Mahlzeit:	**Süßspeise**
Vegetarisch:	**ja**
Vegetarisch leicht möglich:	-
Schwierigkeitsgrad:	*

Zutaten für 24 Stück

24	Zwetschgen
24	Würfelzucker
50 ml	Milch
20 g	Butter

außerdem

1x Rezept Hefeteig für süßes Hefegebäck (siehe Seite 222)

Zubereitung

1. Hefeteig nach Anleitung zubereiten und gut gehen lassen.
2. Den gegangenen Teig in 24 Stücke teilen.
3. Die Teile rund und dünn auswellen, mit Fett bestreichen.
4. Die Zwetschgen entkernen und statt des Steins einen Würfelzucker hineinlegen.
5. Auf jeden Teigkreis eine Zwetschge legen und den überstehenden Teig von allen Seiten über die Zwetschge ziehen, damit diese bedeckt ist.
6. Die Zwetschgennudeln umdrehen, auf ein gefettetes Backblech setzen und nochmals kurz gehen lassen.
7. Milch etwas erwärmen und Butter darin auflösen.
8. Die Zwetschgennudeln damit bestreichen und im Backofen bei 200 °C ca. 30 Minuten hellbraun backen.

Kuchen

Amerikaner

Mahlzeit:	**Kuchen, Nachtisch**
Vegetarisch:	ja
Vegetarisch leicht möglich:	-
Schwierigkeitsgrad:	*

Zutaten für 10 Amerikaner

- 150 g   Margarine
- 150 g   Zucker
- 1 Pck. Vanillezucker
- 1 Prise Salz
- 3   Eier
- 1 Pck. Puddingpulver mit Sahnegeschmack
- 300 g   Mehl
- 4 TL   Backpulver
- 4–6 EL Milch

Für die Glasur:
- 150 g   Puderzucker
- 3–4 EL heißer Zitronensaft
- 1 Pck. Schokoglasur

Zubereitung

1. Den Backofen auf 180 °C vorheizen.
2. Die Margarine mit dem Handrührgerät schaumig rühren.
3. Den Zucker und die Eier nach und nach dazugeben und weiterrühren.
4. Das Mehl mit dem Backpulver, dem Puddingpulver und dem Salz vermischen und unterrühren.
5. So viel Milch zufügen, dass der Teig schwer reißend vom Löffel fällt.
6. Backblech einfetten und mit zwei Esslöffeln in großen Abständen Teighäufchen aufs Blech setzen.
7. Das Gebäck im vorgeheizten Backofen 15–20 Minuten backen.
8. Für die Glasur Puderzucker mit heißem Zitronensaft verrühren und die Schokoglasur im Wasserbad oder im Backofen bei 50 Grad schmelzen.
9. Das noch leicht warme Gebäck an der Unterseite halb und halb mit den Glasuren bestreichen.

Hinweis

Der Teig kann auch gut mit einem Eisportionierer auf das Blech gesetzt werden.

Biskuitboden

Mahlzeit:	**Kuchen**
Vegetarisch:	**ja**
Vegetarisch leicht möglich:	-
Schwierigkeitsgrad:	**

Zutaten für 1 Tortenboden Ø 26 cm

3	Eier
3	halbe Eischalen Wasser
60 g	Zucker
120 g	Mehl
1 TL	Backpulver

Zutaten für 1 Backblech 30x40 cm

6	Eier
6	halbe Eischalen Wasser
120 g	Zucker
240 g	Mehl
2 TL	Backpulver

Zubereitung

1. Eier, Wasser und Zucker in eine Schüssel geben und mindestens 5 Minuten schaumig schlagen.
2. Backofen auf 180 °C vorheizen.
3. Backpulver ins Mehl geben und beides über die Ei-Zucker-Creme sieben, vorsichtig unterheben.
4. Springform oder Backblech mit Backpapier auslegen und die Masse hineingießen. Wichtig: den Rand der Form nicht einfetten.
5. Im vorgeheizten Backofen ca. 20 Minuten backen.

Donauwelle

Mahlzeit:	**Kuchen**
Vegetarisch:	**ja**
Vegetarisch leicht möglich:	-
Schwierigkeitsgrad:	**★★★**

Zutaten für 1 Blech 30x40 cm

250 g	weiche Margarine
175 g	Zucker
1 Pck.	Vanillezucker
3	Eier
1 Tasse	Milch
500 g	Mehl
1 Pck.	Backpulver
2 EL	Kakao
1 EL	Zucker
2 Gläser	Schattenmorellen
1 Pck.	San-Apart-Tortencreme
200 g	Schokoglasur

MESSER REINIGEN
Da Messer heute oft mit Kunststoffgriffen ausgestattet sind, ist eine Reinigung in der Spülmaschine grundsätzlich möglich. Die hoch dosierten Spülmittel sind dabei allerdings sehr aggressiv und die Messer werden schneller stumpf. Dazu können der heiße Dampf und Speisereste zu Flecken oder Korrosion führen. Speziell für hochwertige Messer empfiehlt sich deshalb das Spülen von Hand und sofortiges Abtrocknen.

Zubereitung

1. Die Margarine, den Zucker und den Vanillezucker in eine Schüssel geben und verrühren.
2. Nach und nach die Eier, die Milch, das Mehl und das Backpulver zugeben. (Das Backpulver zusammen mit dem Mehl in die Schüssel sieben.)
3. Backofen auf 150 °C vorheizen.
4. Das Backblech mit Backpapier auslegen, die Hälfte des Teigs darauf geben, gleichmäßig verteilen.
5. Unter die andere Hälfte des Teigs den Kakao und 1 EL Zucker geben. (Teig eventuell mit Milch verdünnen.)
6. Zweite Hälfte des Teigs ebenfalls aufs Blech geben.
7. Die Schattenmorellen abtropfen lassen, auf den Teig geben und etwas eindrücken.
8. Bei 150 °C ca. 30 Minuten im Backofen backen.
9. Abkühlen lassen.
10. Am besten am nächsten Tag die San-Apart Tortencreme nach Anleitung anrühren und auf dem Teigboden verstreichen.
11. Anschließend mit der Schokoglasur überziehen.

Hinweis

Die Schokoglasur im Backofen bei 60 Grad schmelzen

Fantakuchen mit roter Grütze

Mahlzeit:	**Kuchen**
Vegetarisch:	**ja**
Vegetarisch leicht möglich:	-
Schwierigkeitsgrad:	★★★

Zutaten für 1 Blech 30 x 40 cm

3	Eier
200 g	Zucker
1 Pck.	Vanillezucker
140 ml	Sonnenblumenöl
200 g	Mehl
3/4 Pck.	Backpulver
140 ml	Fanta
12	Blatt Gelatine
400 g	saure Sahne
150 g	Zucker
etwas	Zitronensaft
600 g	Schlagsahne
1 l	rote Grütze

Zubereitung

1. Die Eier mit Zucker und Vanillezucker cremig rühren.
2. Nach und nach das Öl unter Rühren einlaufen lassen.
3. Mehl mit dem Backpulver mischen und abwechselnd mit dem Fanta unterrühren.
4. Den Teig auf ein mit Backpapier ausgelegtes Backblech geben.
5. Im vorgeheizten Backofen bei 180 °C ca. 25 – 30 Minuten backen, anschließend auskühlen lassen.
6. Die Gelatine einweichen.
7. Die saure Sahne mit Zucker und Zitronensaft verrühren.
8. Die Schlagsahne cremig schlagen.
9. 6 Blatt Gelatine ausdrücken, im Wasserbad auflösen.
10. Etwas Schlagsahne dazu geben, verrühren und in die übrige Sahne einrühren.
11. Mit der sauren Sahne gut verrühren, auf den Kuchen streichen und im Kühlschrank fest werden lassen.
12. Die übrige Gelatine ausdrücken, ebenfalls auflösen, etwas rote Grütze einrühren und dann in die restliche Grütze rühren.
13. Auf die Sahneschicht geben, glatt streichen und nochmals kühl stellen.

Käsekuchen

Mahlzeit:	**Kuchen**
Vegetarisch:	**ja**
Vegetarisch leicht möglich:	-
Schwierigkeitsgrad:	✶✶

Zutaten für eine Kuchenform (Durchmesser 20 cm)

Kuchenboden:
200 g	Mehl
1 TL	Backpulver
75 g	Zucker
1 Pck.	Vanillezucker
1	Ei
75 g	Margarine

Käsemasse:
750 g	Magerquark
150 g	Zucker
1 Pck.	Vanillezucker
4	Eigelb
3 Tropfen	Zitronen-Backöl
250 ml	Milch
1 Pck.	Vanillepuddingpulver
4	Eiweiß

Zubereitung

1. Alle Teigzutaten mit dem Rührgerät zu einem Teig verrühren. Knethaken verwenden.
2. Teig kalt stellen.
3. Kuchenform einfetten. Herd auf 150 °C Umluft vorheizen.
4. Alle Zutaten der Käsemasse (außer das Eiweiß) in eine Schüssel geben und mit dem Schneebesen gut miteinander verrühren.
5. Das Eiweiß zu Eischnee schlagen und unter die Käsemasse heben.
6. Teig ausrollen und in die gefettete Springform geben.
7. Käsemasse darauf verteilen, Kuchen sofort in den Backofen stellen.
8. Den Kuchen 40–45 Minuten backen, dabei den Ofen die ersten 40 Minuten nicht öffnen, sonst fällt der Käsekuchen zusammen.

Marmorkuchen

Mahlzeit:	**Kuchen**
Vegetarisch:	**ja**
Vegetarisch leicht möglich:	-
Schwierigkeitsgrad:	**

Zutaten für 1 Gugelhupfform

500 g	Mehl
175 g	Zucker
4	Eier
125 g	Margarine
1 Pck.	Vanillezucker
1 Pck.	Backpulver
	Milch
2 EL	Kakao
1 Pck.	Schokoglasur

MITARBEITERPFLEGE
Immer wieder gern gesehen: Abends zur Mitarbeiterbesprechung noch „Reste" servieren. Deshalb mittags auch gerne mal bewusst etwas mehr kochen.

Zubereitung

1. Zucker, Eier, Margarine und Vanillezucker in eine Schüssel geben und schaumig schlagen.
2. Das Backpulver unter das Mehl mischen und beides nach und nach zur schaumigen Masse in die Schüssel sieben und unterrühren.
3. Milch zugeben, bis der Teig eine zähflüssige Konsistenz hat und „reißend" von Löffel fällt.
4. Eine Gugelhupfform fetten und die Hälfte des Teiges einfüllen.
5. Den Backofen auf 175 °C vorheizen.
6. Den Kakao unter den restlichen Teig rühren und ebenfalls in die Form geben.
7. Den dunklen Teig mit der Gabel spiralförmig unter den hellen heben.
8. Den Kuchen etwa 50 Minuten backen. Mit einem Holz-Schaschlikspieß kann durch Einstechen geprüft werden, ob der Kuchen fertig ist. Bleibt beim Herausziehen kein Teig am Holz hängen, ist der Kuchen durchgebacken.
9. Nach dem Abkühlen den Kuchen mit der Schokoglasur bestreichen.

Hinweis

Die Schokoglasur im Backofen bei 60 Grad schmelzen.

Obstschnitten vom Blech

Mahlzeit:	**Kuchen**
Vegetarisch:	**ja**
Vegetarisch leicht möglich:	-
Schwierigkeitsgrad:	**★★★**

Zutaten für 1 Blech 30 x 40 cm

200 g	Butter oder Margarine
200 g	Zucker
1 Pck.	Vanillezucker
4	Eier
200 g	Weizenmehl
2 TL	Backpulver
1 Pck.	Vanille-Pudding-Pulver
500 ml	Milch
40 g	Zucker
5	Blatt weiße Gelatine
250 g	Créme fraiche
1–1,2 kg	Früchte (Erdbeeren, Blaubeeren, Himbeeren, Brombeeren)

Zubereitung

1. Den Backofen auf 180 °C vorheizen.
2. Für den Teig Butter oder Margarine schaumig schlagen.
3. Nach und nach Zucker und Vanillezucker unterrühren; so lange rühren, bis eine gebundene Masse entstanden ist.
4. Eier nach und nach unterrühren (jedes Ei etwa 1/2 Minute).
5. Mehl mit Backpulver mischen, sieben und portionsweise auf mittlerer Stufe unterrühren.

6 Den Teig auf ein Backblech (ca. 30x40 cm, gefettet) geben und glatt streichen.
7 Das Backblech in den Backofen schieben und bei 180 °C etwa 30 Minuten backen.
8 Um den erkalteten Boden einen Backrahmen stellen.
9 Für den Pudding-Belag aus Pudding-Pulver, Milch und Zucker nach Packungsanweisung einen Pudding zubereiten.
10 Den Pudding in eine Schüssel geben, sofort mit Frischhaltefolie zudecken und erkalten lassen (die Frischhaltefolie verhindert, dass sich eine Haut bildet).
11 Gelatine in kaltem Wasser einweichen, leicht ausdrücken und in einem kleinen Topf unter Rühren erwärmen bis sie völlig gelöst ist, leicht abkühlen lassen.
12 Gelatine mit einigen Löffeln der Puddingmasse verrühren, dann mit der restlichen Puddingmasse verrühren.
13 Créme fraiche unterrühren.
14 Die Pudding-Creme-fraiche-Masse auf die Gebäckplatte geben und glatt streichen.
15 Das vorbereitete Obst auf der Creme verteilen und den Kuchen etwa 2 Stunden kalt stellen. Den Backrahmen lösen und entfernen.

Quarkkuchen vom Blech

Mahlzeit:	**Kuchen**
Vegetarisch:	**ja**
Vegetarisch leicht möglich:	-
Schwierigkeitsgrad:	*******

Zutaten für 1 Blech 30 x 40 cm

140 g	Butter
140 g	Zucker
300 g	Mehl
1	Ei
1 Pck.	Backpulver

1 kg	Magerquark
6	Eigelb
6	Eiweiß
200 g	Zucker
2 Pck.	Vanillepuddingpulver
2	kleine Tassen neutrales Öl (z.B. Rapsöl)
750 ml	Milch
1	Zitrone

Zubereitung

1. Butter, Zucker und Ei in eine Schüssel geben und mit dem Rührgerät schaumig schlagen.
2. Mehl mit dem Backpulver mischen, nach und nach zu der Masse geben und unterrühren.
3. Backblech fetten und mit dem Teig auslegen.
4. Den Herd auf 175 °C vorheizen.
5. Magerquark, Eigelb, 100 g Zucker, Vanillepuddingpulver, Öl, Milch und Saft einer Zitrone in einer Schüssel verrühren.
6. Die Quarkmasse (sie ist sehr dünnflüssig) auf dem Teigboden verteilen und im vorgeheizten Backofen für 40 Minuten backen.
7. Sobald der Quark goldgelb wird, die Eiweiß mit 100 g Zucker steif schlagen und auf dem Quark verteilen.
8. Weitere 5–10 Minuten backen.
9. Achtung: Dabei genau beobachten und wenn die Eischneemasse goldbraun wird, den Kuchen aus dem Ofen nehmen. Zwischen goldbraun und verbrannt liegen hier nur Sekunden.
10. Den Kuchen abkühlen lassen und warten, ob sich durch den Zucker im Eischnee kleine goldene Tränen bilden.

Rotweinkuchen

Mahlzeit:	**Kuchen, Nachtisch**
Vegetarisch:	**ja**
Vegetarisch leicht möglich:	-
Schwierigkeitsgrad:	*

Zutaten für einen Kuchen

150 g	Butter oder Margarine
150 g	Zucker
1 Pck.	Vanillezucker
3	Eier
1 TL	Zimt
1 TL	Kakao
75 g	Raspelschokolade Zartbitter
65 ml	Rotwein (oder Traubensaft)
175 g	Mehl
1/2 Pck.	Backpulver
1 Pck.	Schokoglasur

Zubereitung

1. Weiche Butter oder Margarine, Zucker und Vanillezucker in eine Schüssel geben und mit dem Schneebesen des Rührgerätes schaumig schlagen.
2. Eier nach und nach unterrühren.
3. Zimt, Kakao, Raspelschokolade und Rotwein zum Teig geben.
4. Mehl und Backpulver dazugeben und alles zu einem glatten Teig verrühren.
5. Eine Kastenform einfetten, Teig einfüllen und glatt streichen.
6. Im vorgeheizten Backofen bei 175 °C ca. 1 Stunde backen.
   Nach ca. 10 Minuten den Teig in der Mitte einschneiden, damit er gleichmäßig reißt.
7. Wenn der Kuchen ausgekühlt ist rundherum mit Schokoladenglasur bestreichen.

Hinweis

Die Schokoglasur kann statt dem Wasserbad auch im durch das Backen aufgeheizten Backofen bei etwa 70 °C flüssig gemacht werden.

Schneckennudeln

Mahlzeit:	**Kuchen**
Vegetarisch:	ja
Vegetarisch leicht möglich:	-
Schwierigkeitsgrad:	*

Zutaten für 10 Personen

580 g	Mehl
1 Würfel	Hefe
120 g	Zucker
2	Eier
240 ml	lauwarme Milch
120 g	Butter
150 g	gemahlene Haselnüsse
120 g	Zucker
1 TL	Zimt
200 ml	Sahne

Zutaten für 60 Personen

3,5 kg	Mehl
7 Würfel	Hefe
700 g	Zucker
14	Eier
1,4 l	lauwarme Milch
700 g	Butter
850 g	gemahlene Haselnüsse
700 g	Zucker
7 TL	Zimt
1,2 l	Sahne

Zubereitung

1. Aus den Teigzutaten einen Hefeteig herstellen (siehe Rezept Hefeteig süß Seite 222) und gut gehen lassen.
2. Für die Füllung Haselnüsse, Zucker, Zimt und Sahne verrühren.
3. Den Teig auf einer bemehlten Arbeitsfläche 1 cm dick rechteckig ausrollen. Bei größeren Mengen den Teig in 4–5 Stücke teilen und nacheinander verarbeiten.
4. Die Füllung gleichmäßig auftragen.
5. Den Teig aufrollen und die Teigrolle in ca. 3 cm dicke Scheiben schneiden. Die Scheiben aufs Blech legen und mit etwas Milch bestreichen.
6. Im Backofen bei 210 °C ca. 20 Minuten backen.

Streuselecken

Mahlzeit:	**Kuchen**
Vegetarisch:	ja
Vegetarisch leicht möglich:	-
Schwierigkeitsgrad:	*

Zutaten für 1 Blech 30 x 40 cm

200 g	weiche Butter
	Fett für das Blech
250 g	Zucker
1 Pck.	Vanillezucker
4	Eier
125 g	gemahlene Mandeln
250 g	Mehl
2 TL	Backpulver
150 ml	Milch
300 g	Puderzucker
4 EL	Zitronensaft oder Wasser
100 g	bunte Zuckerstreusel

Zubereitung

1. Den Backofen auf 200 °C vorheizen und ein Backblech einfetten.
2. Die Butter mit Zucker und Vanillezucker schaumig schlagen.
3. Nacheinander die Eier unterrühren.
4. Mehl mit dem Backpulver mischen und mit den Mandeln, dem Bittermandelöl und der Milch unterrühren.
5. Den Teig auf dem Backblech glatt streichen und den Kuchen im unteren Drittel des Backofens etwa 15 Minuten backen.
6. Den Puderzucker mit Zitronensaft oder Wasser zu einem Guss verrühren und den noch warmen Kuchen damit bestreichen.
7. Die Zuckerstreusel aufstreuen und den Guss fest werden lassen.

Brot & Brötchen

Brotstangen

Mahlzeit:	**Knabberei**
Vegetarisch:	**ja**
Vegetarisch leicht möglich:	-
Schwierigkeitsgrad:	*

Zutaten für 60–80 Stangen

600 g	Mehl
20 g	Hartweizengrieß
25 g	Frischhefe
1 TL	Zucker
1 TL	Salz
100 ml	Olivenöl
300 ml	lauwarmes Wasser
	Maisgrieß

Zubereitung

1. Die Hefe in eine Schüssel krümeln. Mit Zucker und 2 EL lauwarmem Wasser bedecken.
2. 5 Minuten warten, bis sich die Hefe aufgelöst hat.
3. Die flüssige Hefe mit den restlichen Zutaten (außer dem Maisgrieß) zu einem geschmeidigen Teig verkneten.
4. Den Teig in 3 Portionen teilen und mit etwas Öl bestreichen.
5. Mit einem Tuch bedeckt 1 Stunde in den Kühlschrank legen.
6. Den Backofen auf 180 °C vorheizen.
7. Je ein Teigstück aus dem Kühlschrank nehmen.
8. Auf einer Schicht Maisgrieß flach ausrollen und 1 cm breite Streifen abschneiden.
9. Die Streifen zu dünnen Stangen rollen oder eindrehen.
10. Auf ein mit Backpapier belegtes Backblech legen.
11. Im vorgeheizten Backofen bei 180 °C je nach Dicke etwa 15 Minuten schön goldbraun backen.

Hinweis

1. Die Brotstangen vor dem Backen in grobem Salz oder Sesam wälzen.
2. In den Teig gehackte Oliven, getrocknete Zwiebeln, Käse, Kräuter oder getrocknete Tomaten einkneten.

Focaccia (italienisches Fladenbrot)

Mahlzeit:	**Brot**
Vegetarisch:	**ja**
Vegetarisch leicht möglich:	-
Schwierigkeitsgrad:	*

Zutaten für 10 Stück

350 g	Mehl
20 g	Hefe
200 ml	lauwarmes Wasser
1 Prise	Salz
1 Prise	Zucker
4 EL	Olivenöl
	Olivenöl
	grobes Salz
	Oregano
	Thymian

Zutaten für 60 Stück

2,1 kg	Mehl
120 g	Hefe
1,2 l	lauwarmes Wasser
6 Prisen	Salz
6 Prisen	Zucker
240 ml	Olivenöl
	Olivenöl
	grobes Salz
	Oregano
	Thymian

Zubereitung

1. Die Hefe in lauwarmem Wasser auflösen und zusammen mit Salz, Zucker und Olivenöl zum Mehl geben.
2. Teig kneten bis er eine elastische Konsistenz hat.
3. Nicht gehen lassen, sondern gleich 10 kleine Fladen formen und aufs Backblech legen.
4. Die Fladen mit Olivenöl bestreichen und mit grobem Salz, Oregano und Thymian bestreuen.
5. Etwa 15 Minuten gehen lassen und dann bei 250 °C ca. 10 Minuten backen.

Hefeteig (für süßes Hefegebäck)

Mahlzeit:	**Grundrezept**
Vegetarisch:	**ja**
Vegetarisch leicht möglich:	-
Schwierigkeitsgrad:	*

Zutaten für Grundrezept

1 kg	Mehl
40 g	Hefe
500 ml	Milch
160 g	Butter
120 g	Zucker
4	Eier
2 Prisen	Salz
	etwas Zitronenschale

Zubereitung

1. Milch mit dem Zucker in einem Topf leicht anwärmen, die Butter und die Hefe darin auflösen und glatt rühren.
2. Das Mehl mit dem Salz und den Eiern in eine Schüssel geben.
3. Die Milchmischung zum Mehl geben und mit dem Knethaken des Rührgeräts zu einem Teig kneten. Nach Geschmack noch etwas Zitronenschale zugeben.
4. Den Teig in der Schüssel mit einem Tuch abdecken und an einen warmen, nicht zugigen Ort stellen.
5. Gehen lassen bis sich das Volumen verdoppelt hat, dann entsprechend weiterverarbeiten.

Hefeteig (für salziges Hefegebäck)

Mahlzeit:	**Grundrezept**
Vegetarisch:	ja
Vegetarisch leicht möglich:	-
Schwierigkeitsgrad:	*

Zutaten für 1 Grundrezept

1 kg	Mehl
40 g	Hefe
500 ml	Milch
160 g	Butter
1,5 TL	Salz

BROT
Jährlich landen in Deutschland ca. 80.000 Tonnen Brot im Müll. Dabei kann man hartes Brot und Brötchen vom Vortag noch zu vielen Leckereien verarbeiten: Ob deftig mit Brezelknödel oder Brotsuppe, für Schleckermäuler mit Arme Ritter und Ofenschlupfer oder als Zutat in Form von Croutons oder Paniermehl, es gibt ein Rezept für jeden Geschmack. Viel zu schade also zum Weg werfen!

Zubereitung

1. Milch in einem Topf leicht anwärmen, die Butter und die Hefe darin auflösen und glatt rühren.
2. Das Mehl mit dem Salz in eine Schüssel geben.
3. Die Milchmischung zum Mehl geben und mit dem Knethaken des Rührgeräts zu einem Teig kneten.
4. Den Teig in der Schüssel mit einem Tuch abdecken und an einen warmen, nicht zugigen Ort stellen.
5. Gehen lassen bis sich das Volumen verdoppelt hat, dann entsprechend weiterverarbeiten.

Knoblauchbrötchen

Mahlzeit: **Brot**
Vegetarisch: **ja**
Vegetarisch leicht möglich: -
Schwierigkeitsgrad: ******

Zutaten für 10 Brötchen

12	Knoblauchzehen
350 ml	Milch
450 g	weißes Mehl (Typ 550)
1 TL	Salz
1 Pck.	Trockenhefe
1 TL	gemischte getrocknete Kräuter (z. B. Majoran, Basilikum, Oregano und Thymian)
2 EL	Sonnenblumenöl
1	Ei

Milch zum Bestreichen
Steinsalz zum Bestreuen

Zutaten für 60 Brötchen

72	Knoblauchzehen
2,1 l	Milch
2,7 kg	weißes Mehl (Typ 550)
6 TL	Salz
6 Pck.	Trockenhefe
6 TL	gemischte getrocknete Kräuter (z. B. Majoran, Basilikum, Oregano und Thymian)
12 EL	Sonnenblumenöl
6	Eier

Milch zum Bestreichen
Steinsalz zum Bestreuen

Zubereitung

1. Ein Backblech einfetten. Die Knoblauchzehen schälen, mit der Milch in einen Topf geben, erhitzen und 15 Minuten köcheln lassen. Die leicht abgekühlte Masse mit einem Pürierstab oder in einer Küchenmaschine pürieren.
2. Mehl und Salz in eine große Schüssel sieben. Mit der Trockenhefe und den Kräutern vermengen.
3. Knoblauch-Milch-Püree, Öl und Ei zugeben und alles zu einem festen Teig verarbeiten.
4. Den Teig auf einer leicht bemehlten Arbeitsfläche einige Minuten sanft kneten, bis er weich und geschmeidig ist.
5. Den Teig in eine eingefettete Schüssel geben, abdecken und an einem warmen Ort etwa 1 Stunde gehen lassen, bis sich sein Volumen verdoppelt hat.
6. Den aufgegangenen Teig erneut 2 Minuten kneten. Runde Brötchen daraus formen und diese auf das vorbereitete Backblech legen.
7. Den Ofen auf 220 °C vorheizen.
8. Die Brötchen von oben mit einem Messer einschneiden, abdecken und weitere 15 Minuten gehen lassen.
9. Die Brötchen mit Milch bestreichen und mit Steinsalz bestreuen.
10. Bei 220 °C ca. 15–20 Minuten backen.
11. Die fertigen Brötchen vor dem Servieren auf einem Rost abkühlen lassen.

Pizzabrot

Mahlzeit:	**Brot**
Vegetarisch:	**ja**
Vegetarisch leicht möglich:	-
Schwierigkeitsgrad:	**

Zutaten für 4 große Pizzabrote

- 1 kg   Mehl
- 1 Pck.   Trockenhefe
- 20 g   Salz
- 100 g   Olivenöl
- 640 g   lauwarmes Wasser
- grobes Salz
- Rosmarin, Thymian, Kreuzkümmel

Zubereitung

1. Das lauwarme Wasser in eine Schüssel füllen und die Trockenhefe dazu geben. Stehen lassen, bis sich die Hefe ganz aufgelöst hat und zu schäumen beginnt.
2. Das Mehl in eine Schüssel geben und das Salz unterrühren.
3. Die Wasser-Hefe Mischung und das Olivenöl dazu geben und alles zu einem weichen Teig verkneten.
4. Die Teigschüssel abdecken und über Nacht zum Gehen in den Kühlschrank stellen.

Am nächsten Tag:

5. Den Backofen auf 250 °C vorheizen, Backblech im Ofen belassen.
6. Zur Weiterverarbeitung den Teig kurz durchkneten und dann in 6 Portionen teilen. Abgedeckt nochmal ca. 15 Minuten ruhen lassen.
7. Die einzelnen Portionen ausrollen (ca. 2 cm dick) und mit einer Gabel mehrmals einstechen.
8. Mit Olivenöl bestreichen und mit grobem Salz und Kräuter bestreuen.
9. In den Backofen schieben und ca. 10–15 Minuten backen.

Hinweis

Dieser Teig eignet sich auch hervorragend für Pizza. Dazu den Teig 1 cm dick ausrollen und mit Belag nach Wunsch belegen.

Speck-Knauzen

Mahlzeit:	**Beilage**
Vegetarisch:	**nein**
Vegetarisch leicht möglich:	**ja**
Schwierigkeitsgrad:	*****

Zutaten für ca. 80 Stück

700 g	Mehl
2 TL	Salz
1 Pck.	Trockenhefe
100 g	Käse
250 g	Speck
600 ml	Milch

Zubereitung

1. Alle Zutaten in eine Schüssel geben und zu einem Teig kneten.
2. Der Teig hat eine klebrige Konsistenz.
3. Mit dem Löffel kleine Häufchen aufs Backblech setzen.
4. Bei 200 °C ca. 25 Minuten backen.

Hinweis

Sehr gut lassen sich die Häufchen auch mit einem Eisportionierer aufs Blech setzen.

Stockbrot

Mahlzeit:	**Brot**
Vegetarisch:	**ja**
Vegetarisch leicht möglich:	-
Schwierigkeitsgrad:	*****

Zutaten für 10 Stockbrote

- 500 g Mehl
- 2 TL Salz
- 1,5 TL Zucker
- 1 Pck. Trockenhefe
- 330 ml lauwarmes Wasser (oder halb Milch halb Wasser)

Zutaten für 60 Stockbrote

- 3 kg Mehl
- 12 TL Salz
- 9 TL Zucker
- 6 Pck. Trockenhefe
- 2 l lauwarmes Wasser (oder halb Milch halb Wasser)

Zubereitung

1. Die Hefe in das lauwarme Wasser geben und ca. 5 Minuten stehen lassen, bis sich die Hefe aufgelöst hat.
2. Das Mehl mit Salz und Zucker mischen, das Hefewasser dazu gehen.
3. Alles zu einem geschmeidigen Teig kneten.
4. Abgedeckt an einem warmen Ort gehen lassen, bis sich das Teigvolumen verdoppelt hat.
5. Für das Stockbrot eine aprikosengroße Portion Teig zu einer Schlange rollen und diese um die Spitze eines Holzstocks wickeln.
6. Über die Glut halten (Vorsicht: genügend Abstand halten, sonst verbrennt der Teig) und gelegentlich drehen.
7. Das fertige Brot vom Stock abziehen und gleich essen oder mit Zutaten nach Wahl füllen (z. B. Marmelade, Nutella, Käse- oder Wurstwürfel).

Sonstiges

Kräuterquark

Mahlzeit:	**Beilage**
Vegetarisch:	**ja**
Vegetarisch leicht möglich:	-
Schwierigkeitsgrad:	*

Zutaten für 10 Personen

630 g	Quark
180 ml	Milch
	Salz, Pfeffer
1,5	Zwiebeln
1/2 Bund	frische Kräuter

Zutaten für 60 Personen

3,8 kg	Quark
1,1 l	Milch
	Salz, Pfeffer
9	Zwiebeln
3 Bund	frische Kräuter

Zubereitung

1. Zwiebeln abziehen und fein schneiden.
2. Frische Kräuter waschen und schneiden.
3. Quark und Milch in eine Schüssel geben und mit dem Schneebesen gut verrühren.
4. Zwiebel und Kräuter dazugeben und untermischen.
5. Mit Salz und Pfeffer abschmecken und etwas ziehen lassen.

Tsatsiki

Mahlzeit:	**Beilage**
Vegetarisch:	**ja**
Vegetarisch leicht möglich:	-
Schwierigkeitsgrad:	*

Zutaten für 10 Personen

1,25	Salatgurken
6	Knoblauchzehen
500 g	Sahnequark
300 g	Naturjoghurt
1,5 TL	Salz
1/4 TL	Zucker
1/4 TL	Pfeffer

Zutaten für 60 Personen

6,25	Salatgurken
30	Knoblauchzehen
2,5 kg	Sahnequark
1,5 kg	Naturjoghurt
7,5 TL	Salz
1 TL	Zucker
1 TL	Pfeffer

Zubereitung

1. Gurken schälen, fein raspeln, mit etwas Salz bestreuen und ziehen lassen.
2. Knoblauch schälen und pressen.
3. Quark, Joghurt und die Gewürze mit dem Schneebesen gut vermengen.
4. Gurken in einem Mulltuch gut auspressen, dann zusammen mit dem Knoblauch unter die Quark-Joghurt-Masse mischen und abschmecken.

Rührei mit Speck

Mahlzeit:	**Beilage**
Vegetarisch:	**nein**
Vegetarisch leicht möglich:	**ja**
Schwierigkeitsgrad:	*****

Zutaten für 10 Personen

120 g	durchwachsener Speck (dünn geschnitten)
20	Eier
225 ml	Milch
	Salz, Pfeffer
100 g	Butter

Zutaten für 60 Personen

720 g	durchwachsener Speck (dünn geschnitten)
120	Eier
1,35 l	Milch
	Salz, Pfeffer
600 g	Butter

Zubereitung

1. Speck in kleine Würfel schneiden.
2. Eier in einer Schüssel aufschlagen und gut verquirlen.
3. Milch zu den Eiern geben und gut verrühren, mit Salz und Pfeffer würzen.
4. Die Butter erhitzen, den Speck hinzugeben und anbraten.
5. Eier-Milch-Gemisch hinzugeben und bei mäßiger Hitze stocken lassen.
6. Beginnt die Eimasse zu stocken, mit einem Pfannenwender auf eine Seite schieben, so dass sich die noch flüssige Eimasse auf dem Pfannenboden verteilen kann.
7. Ei fertig stocken lassen, evtl. nachwürzen.

Getränke

Eisnasenpunsch

Mahlzeit:	**Getränk**
Vegetarisch:	**ja**
Vegetarisch leicht möglich:	-
Schwierigkeitsgrad:	*

Zutaten für 10 Personen

500 ml	Wasser
2 Beutel	Früchtetee
2 cm	Zimtrinde
2	Gewürznelken
1 l	Apfelsaft
500 ml	Orangensaft
1	Zitrone
	Zucker

Zutaten für 60 Personen

3 l	Wasser
12 Beutel	Früchtetee
12 cm	Zimtrinde
12	Gewürznelken
6 l	Apfelsaft
3 l	Orangensaft
5	Zitronen
100 g	Zucker

Zubereitung

1. Das Wasser mit den Teebeuteln, der Zimtrinde und den Nelken aufkochen und 5 Minuten ziehen lassen.
2. Apfelsaft, Orangensaft und Zitronensaft aufkochen und dann mit dem Tee mischen.

Getränke

Kinder-Punsch

Mahlzeit:	**Getränk**
Vegetarisch:	**ja**
Vegetarisch leicht möglich:	-
Schwierigkeitsgrad:	*

Zutaten für 10 Personen

1 l	Wasser
2 Beutel	Rooiboos-Tee Erdbeer-Sahne
500 ml	Orangensaft
500 ml	Johannisbeer-Nektar schwarz
1 Beutel	Glühfix

Zutaten für 60 Personen

6 l	Wasser
12 Beutel	Rooiboos-Tee Erdbeer-Sahne
3 l	Orangensaft
3 l	Johannisbeer-Nektar schwarz
6 Beutel	Glühfix

Zubereitung

1. Das Wasser zum Kochen bringen und die Teebeutel hineinhängen. Nach Packungsanweisung ziehen lassen.
2. Beutel aus dem Tee nehmen und mit Orangensaft und Johannisbeer-Nektar auffüllen.
3. Die Glühfix-Beutel dazugeben und nochmals erhitzen (nicht kochen).

Sangria ohne Alkohol

Mahlzeit:	**Getränk**
Vegetarisch:	**ja**
Vegetarisch leicht möglich:	-
Schwierigkeitsgrad:	*

Zutaten für 15 Personen

1 l	roter Traubensaft
1,5 l	Sauerkirschsaft
1,5 l	Orangensprudel
500 ml	Grapefruitsaft
4	Orangen (ungespritzt)
2	Zitronen (ungespritzt)
	Eiswürfel

Zutaten für 60 Personen

4 l	roter Traubensaft
6 l	Sauerkirschsaft
6 l	Orangensprudel
3 l	Grapefruitsaft
16	Orangen (ungespritzt)
8	Zitronen (ungespritzt)
	Eiswürfel

Zubereitung

1. Alle Säfte in einem großen Topf miteinander mischen.
2. Die Zitronen und Orangen in Scheiben schneiden, die Scheiben vierteln und zum Saftgemisch geben.
3. Alles im Kühlschrank kalt stellen.
4. Kurz vor dem Trinken die Eiswürfel dazugeben.

Getränke

246

Register

Thematische Übersicht

Suppen

Flädlesuppe	SEITE **44**
Käse-Hackfleisch-Suppe	SEITE **46**
Nudelsuppe	SEITE **48**
Tomatencremesuppe	SEITE **50**

Salate

Eisbergsalat mit Triefensteiner Soße	SEITE **52**
Gnocci Salat	SEITE **54**
Griechischer Bauernsalat	SEITE **56**
Gurkensalat	SEITE **58**
Karottensalat	SEITE **60**
Kartoffelsalat	SEITE **62**
Nudelsalat	SEITE **64**
Schichtsalat	SEITE **66**
Tomatensalat	SEITE **68**
Tortellinisalat	SEITE **70**
Wurstsalat	SEITE **72**

Dressings

Griechisches Dressing	SEITE **74**
Kräuter Vinaigrette	SEITE **76**
Triefensteiner Soße	SEITE **78**

Komplette Gerichte

Chili con Carne	SEITE 80
China Pfanne mit Reis	SEITE 82
Fischstäbchen mit Kartoffelbrei	SEITE 84
Fleischküchle mit Kartoffelbrei und Karottengemüse	SEITE 86
Gaisburger Marsch	SEITE 88
Gefüllte Laugenwecken mit Salat	SEITE 90
Gefüllte Partybrötchen mit Salat	SEITE 92
Geschnetzeltes in Rahmsoße mit Reis	SEITE 94
Gnocchi Carbonara	SEITE 96
Gnocchi-Spinat-Auflauf	SEITE 98
Grillen am Lagerfeuer	SEITE 100
Gyrosauflauf	SEITE 102
Gyrospfanne mit Reis und Tsatsiki	SEITE 104
Hamburger	SEITE 106
Kaiserschmarrn	SEITE 108
Kartoffel-Hackfleisch-Brokkoli-Gratin	SEITE 110
Käsespätzle mit Salat	SEITE 112
Lasagne mit Spinat und Pilzen	SEITE 114
Linsen mit Spätzle und Saiten	SEITE 116
Lunchpakete	SEITE 118
Maultaschen mit Kartoffelsalat	SEITE 120
Minestrone mit Hähnchenbrust	SEITE 122
Nudelauflauf	SEITE 124
Pizza	SEITE 126
Sahne-Tortellini	SEITE 128
Schnitzel mit Spätzle, Soße und Salat	SEITE 130
Spaghetti Bolognese	SEITE 132
Spaghetti Tomate-Zucchini	SEITE 134
Toast Hawaii	SEITE 136

Thematische Übersicht

Suppen
Salate
Dressings
Komplette Gerichte
Fleischgerichte
Soßen
Beilagen
Nachtisch
Kuchen
Brote, Brötchen
Sonstiges
Getränke

Fleischgerichte

Fleischküchle	SEITE 138
Hackbraten	SEITE 140
Jägerschnitzel	SEITE 142
Salzbraten	SEITE 144
Schnitzelauflauf	SEITE 146

Soßen

Hackfleischsoße	SEITE 148
Käsesoße	SEITE 150
Kräutersoße	SEITE 152
Tomatensoße	SEITE 154

Beilagen

Backofenkartoffeln	SEITE 156
Brezelknödel	SEITE 158
Kartoffelgratin	SEITE 160
Reis gedünstet	SEITE 162
Tomatenreis	SEITE 164

Nachtisch

Apple-Crisp mit Vanilleeis	SEITE 166
Cantuccine-Pfirsich-Tiramisu	SEITE 168
Früchte-Nachtisch	SEITE 170
Grießbrei	SEITE 172
Kirschquark	SEITE 174
Milchreis	SEITE 176
Multivitamincreme	SEITE 178
Obstsalat	SEITE 180
Rote Grütze	SEITE 182
Schokopudding	SEITE 184
Tiramisu	SEITE 186
Tutti-frutti	SEITE 188
Vanille-Apfel-Creme	SEITE 190
Vanille-Joghurt-Creme	SEITE 192
Zwetschgennudeln	SEITE 194

Kuchen

Amerikaner	SEITE 196
Biskuitboden	SEITE 198
Donauwelle	SEITE 200
Fantakuchen mit roter Grütze	SEITE 202
Käsekuchen	SEITE 204
Marmorkuchen	SEITE 206
Obstschnitten vom Blech	SEITE 208
Quarkkuchen vom Blech	SEITE 210
Rotweinkuchen	SEITE 212
Schneckennudeln	SEITE 214
Streuselecken	SEITE 216

Brote, Brötchen

Brotstangen	SEITE 218
Focaccia	SEITE 220
Hefeteig (für süßes Hefegebäck)	SEITE 222
Hefeteig (für salziges Hefegebäck)	SEITE 224
Knoblauchbrötchen	SEITE 226
Pizzabrot	SEITE 228
Speck-Knauzen	SEITE 230
Stockbrot	SEITE 232

Sonstiges

Kräuterquark	SEITE 234
Tsatsiki	SEITE 236
Rührei mit Speck	SEITE 238

Getränke

Eisnasenpunsch	SEITE 240
Kinder-Punsch	SEITE 242
Sangria ohne Alkohol	SEITE 244

251

Alphabetische Übersicht

A

Amerikaner ... SEITE **196**
Apple-Crisp mit Vanilleeis ... SEITE **166**

B

Backofenkartoffeln ... SEITE **156**
Biskuitboden ... SEITE **198**
Brezelknödel ... SEITE **158**
Brotstangen ... SEITE **218**

C

Cantuccine-Pfirsich-Tiramisu ... SEITE **168**
Chili con Carne ... SEITE **80**
China Pfanne mit Reis ... SEITE **82**

D

Donauwelle ... SEITE **200**

E

Eisbergsalat mit Triefensteiner Soße ... SEITE **52**
Eisnasenpunsch ... SEITE **240**

F

Fantakuchen mit roter Grütze	SEITE 202
Fischstäbchen mit Kartoffelbrei	SEITE 84
Flädlesuppe	SEITE 44
Fleischküchle	SEITE 138
Fleischküchle mit Kartoffelbrei und Karottengemüse	SEITE 86
Focaccia	SEITE 220
Früchte-Nachtisch	SEITE 170

G

Gaisburger Marsch	SEITE 88
Gefüllte Laugenwecken mit Salat	SEITE 90
Gefüllte Partybrötchen mit Salat	SEITE 92
Geschnetzeltes in Rahmsoße mit Reis	SEITE 94
Gnocchi Carbonara	SEITE 96
Gnocchi-Spinat-Auflauf	SEITE 98
Griechisches Dressing	SEITE 74
Grillen am Lagerfeuer	SEITE 100
Gyrosauflauf	SEITE 102
Gyrospfanne mit Reis und Tsatsiki	SEITE 104
Gnocci Salat	SEITE 54
Griechischer Bauernsalat	SEITE 56
Grießbrei	SEITE 172
Gurkensalat	SEITE 58
Gyrosauflauf	SEITE 102
Gyrospfanne mit Reis und Tsatsiki	SEITE 104

H

Hackbraten	SEITE 140
Hackfleischsoße	SEITE 148
Hamburger	SEITE 106
Hefeteig (für süßes Hefegebäck)	SEITE 222
Hefeteig (für salziges Hefegebäck)	SEITE 224

Theamische Übersicht

Suppen
Salate
Dressings
Komplette Gerichte
Fleischgerichte
Soßen
Beilagen
Nachtisch
Kuchen
Brote, Brötchen
Sonstiges
Getränke

J

Jägerschnitzel ... SEITE **142**

K

Käsekuchen ... SEITE **204**
Käse-Hackfleisch-Suppe ... SEITE **46**
Käsesoße ... SEITE **150**
Käsespätzle mit Salat ... SEITE **112**
Kaiserschmarrn ... SEITE **108**
Karottensalat ... SEITE **60**
Kartoffelgratin ... SEITE **160**
Kartoffelsalat ... SEITE **62**
Kartoffel-Hackfleisch-Brokkoli-Gratin ... SEITE **110**
Kinder-Punsch ... SEITE **242**
Kirschquark ... SEITE **174**
Knoblauchbrötchen ... SEITE **226**
Kräuterquark ... SEITE **234**
Kräutersoße ... SEITE **152**
Kräuter Vinaigrette ... SEITE **76**

L

Lasagne mit Spinat und Pilzen ... SEITE **114**
Linsen mit Spätzle und Saiten ... SEITE **116**
Lunchpakete ... SEITE **118**

M

Marmorkuchen ... SEITE **206**
Maultaschen mit Kartoffelsalat ... SEITE **120**
Milchreis ... SEITE **176**
Minestrone mit Hähnchenbrust ... SEITE **122**
Multivitamincreme ... SEITE **178**

N

Nudelauflauf	SEITE **124**
Nudelsalat	SEITE **64**
Nudelsuppe	SEITE **48**

O

Obstsalat	SEITE **180**
Obstschnitten vom Blech	SEITE **208**

P

Pizza	SEITE **126**
Pizzabrot	SEITE **228**

Q

Quarkkuchen vom Blech	SEITE **210**

R

Reis gedünstet	SEITE **162**
Rote Grütze	SEITE **182**
Rotweinkuchen	SEITE **212**
Rührei mit Speck	SEITE **238**

S

Sahne-Tortellini	SEITE **128**
Salzbraten	SEITE **144**
Sangria ohne Alkohol	SEITE **244**
Schichtsalat	SEITE **66**
Schneckennudeln	SEITE **214**
Schnitzelauflauf	SEITE **146**
Schnitzel mit Spätzle, Soße und Salat	SEITE **130**
Schokopudding	SEITE **184**
Spaghetti Bolognese	SEITE **132**
Spaghetti Tomate-Zucchini	SEITE **134**
Speck-Knauzen	SEITE **230**
Stockbrot	SEITE **232**
Streuselecken	SEITE **216**

Theamische Übersicht

Suppen
Salate
Dressings
Komplette Gerichte
Fleischgerichte
Soßen
Beilagen
Nachtisch
Kuchen
Brote, Brötchen
Sonstiges
Getränke

T

Tiramisu	SEITE 186
Toast Hawaii	SEITE 136
Tomatencremesuppe	SEITE 50
Tomatenreis	SEITE 164
Tomatensalat	SEITE 68
Tomatensoße	SEITE 154
Tortellinisalat	SEITE 70
Tsatsiki	SEITE 236
Triefensteiner Soße	SEITE 78
Tutti-frutti	SEITE 188

V

Vanille-Apfel-Creme	SEITE 190
Vanille-Joghurt-Creme	SEITE 192

W

Wurstsalat	SEITE 72

XYZ

Zwetschgennudeln	SEITE 194